平和の福音に生きる教会の宣言

日本キリスト改革派教会「平和宣言」と解説

吉田 隆、長谷部弘、弓矢健児、豊川 慎［著］

新教出版社

表紙の絵
マルク・シャガール《白い磔刑》1938 年
（Marc Chagall, White Crucifixion, 1938）

目次

「平和宣言」本文

「平和宣言」解説

目　次

「平和宣言」本文

平和の福音に生きる教会の宣言（「平和宣言」）

序　文

第二次世界大戦終結から八十年を迎えようとしている現在、わたしたちの世界は新たなる国際政治の緊張関係の中に置かれています。とりわけ、二〇二二年初頭のロシアによるウクライナ侵攻に始まり、その後顕在化してきた東アジアにおける政治的軍事的緊張は、今や再び「戦争の時代」が到来しつつあることを予感させ、核兵器の使用さえ現実のものとなりつつあります。

このような時代状況の中で、わたしたち日本キリスト改革派教会は、主イエス・キリストによって実現された「平和の福音」に生きる教会として、この国と世界の平和に対するわたしたちの使命と責任をここに宣言します。

わたしたちは、創立宣言と三十周年記念「教会と国家にかんする信仰の宣言」において、第二次世界大戦期の日本のキリスト教会が神と隣人に対して犯した罪を告白しました。それは、軍部主導の政府による教会合同政策に抗うことなく、ごく少数の証し人たちを除いて、御言葉の真理を大胆に主張することも国家に対する見張りの務めを果たすこともできなかったこと、天皇を現人神《あらひとがみ》とする国家神道儀礼に迎合したこと、さらにはアジア諸国の兄弟姉妹たちに寄り添おうとせず、聖戦の名のもとに行われた侵略戦争に積極的に協力してしまったことです。

わたしたち日本キリスト改革派教会は、戦時下の日本の教会が主の御前に犯した罪に共同の責任を負うことを告白するとともに、戦後与えられた信教の自由の恵みのもとで、神の言葉と有神的人生観・世界観に基づく改革派教会を創立し、国家に対する教会の自律性を主張して、宣教と教会形成に励んでまいりました。しかし、その歩みを見つめ直すとき、そこには平和の福音に生きる教会としての使命に応える力も熱心さも乏しく、特に教会内外において社会的・民族的な差別を受けている人々に対する共感や認識も真に不十分であったことを認め、主の御前に赦しを乞うものです。

敗戦後、日本は戦争の反省に立ち、日本国憲法（前文と第9条）において二度と戦争をしないことを誓い、戦争そのものを放棄しました。その平和主義と戦争放棄の理念は、戦後日本の出発点であり、日本国民が何度も立ち戻るべき原点です。他方で、在日コリアンや沖縄問題などに見られるとおり、異質なものを排除し、天皇制を中心とした日本の国家体制を維持するために、基本的人権を奪われてきた人々の犠牲の上に戦後が築かれてきたことも忘れてはなりません。

今日、あの悲惨な戦争の記憶の風化とともに、憲法との整合性を問うことなしに、再び戦争遂行を可能とするための法整備や防衛費の増強・攻撃兵器の導入などが推し進められ、国による政教分離違反行為を司法もまた放置する中で、国家神道勢力復権や憲法改正の動きも収まることがありません。さらに、この国に住む人々の暮らしの現場では、平和に生きる権利を損なう貧困・差別・人権侵害・環境破壊など、経済効率を優先して弱者を切り捨てる「構造的暴力」の力がますます拡大している事実を見過ごすこともできません。

このような現実のただ中で、わたしたちは、主の憐れみを祈りつつ、今こそ「平和を実現する人々は、幸いである、その人たちは神の子と呼ばれる」（マタ5・9）との主の御言葉に応え、過去の過ちを繰り返さないために今日と将来の教会への責任を明らかにして、この世界におけるキリストの平和の実現に献身することを誓います。

1　神の平和と世界の平和

「神は、キリストを通してわたしたちを御自分と和解させ、また、和解のために奉仕する任務をわたしたちにお授けになりました」（二コリ5・18）

聖書が示す「平和」（シャローム）は、戦争や争いのない状態のみならず、何よりも神との霊的な関係における自由と幸福、肉体的健康や物質的充足、人間関係における調和や喜びをも意味します。それは、創り主なる神によって与えられた「極めて良い」世界に他なりません（創1・31）。

しかし、人間は自らの欲望と自己中心性のゆえに、この平和を破壊して堕落し、神と敵対し、神と隣人とを軽んじる暴力と混乱に満ちた世界をもたらしました。それにもかかわらず、平和の神は人間を愛し、この世に真の平和を回復するために御子をお遣わしになりました。御子イエス・キリストは、弱さの中にいる人々の病を癒し、空腹を満たして、その心に喜びを与えられただけでなく、十字架の苦しみと死によって敵意という隔ての壁を打ち破り、永遠の平和を樹立されました。

主イエス・キリストこそ、わたしたちの平和です（エフェ2・14）。それゆえキリストの教会は、主の聖霊による一致と喜びのうちに神を礼拝し、すべての人を尊び、隣人との間にキリストの平和を具現して、この世界に真の和解と祝福をもたらす「平和の福音」に生きる共同体です。

父・子・聖霊なる神の平和は、キリストにおいてすでに実現しつつも、未だ完成には至っていません。世の終わりに至るまで、人間の罪に基づく憎しみと争いは絶えることがありません。それにもかかわらず、わたしたちは、この世界が与えることも保障することもできないキリストの平和に生きる者として、和解の福音を伝え続け、平和のために祈り、この世に真の平和をもたらすあらゆる働きに参与します。

2　戦争と平和と国家

「主は国々の争いを裁き、多くの民を戒められる。
彼らは剣を打ち直して鋤とし
槍を打ち直して鎌とする。
国は国に向かって剣を上げず
もはや戦うことを学ばない」（イザ2・4）

神の平和とこの世の平和を同一視することはできませんが、両者を切り離すこともできません。この世界は、神のものだからです。

罪と悲惨の絶えない人間世界には暴力が満ちています。とりわけ、多くの国民を巻き込む戦争や紛争やテロリズムなどによって、いつの時代にも数知れない人々が犠牲となり、それに巻き込まれた人々の心の傷も消え去ることがありません。この世においては、いかなる戦争も、神の前に罪を免れることはできないのです。

聖書における古代世界の戦争記述を通して、神が究極的に教えようとしておられることは、「剣を取る者は皆、剣で滅びる」（マタ26・52）という真理であり、御自分の民が武力ではなく主に信頼するようになることです。キリスト教の歴史におけるいわゆる「正しい戦争」または「合法的戦争」も、本来、戦争を抑止し正義と平和を維持するための最終手段として容認されたものであり、ましてや神の名の下に戦争を積極的に推進させる「聖なる戦争」の主張は根本的な誤りです。それゆえ、主の教会は、戦争を紛争の解決手段として正当化すべきではなく、まして大量殺戮兵器を用いる現代の戦争を肯定することはできません。

わたしたちは、敵をつくり出し平和問題を軍事的安全保障の問題に置き換えようとする国家的為政者やマスメディアに欺かれることなく、神のかたちに創造されたすべての人間の命を守ることこそが平和の道であると訴えます。それゆえ、戦争を回避して国々の間に平和をつくり出すあらゆる非軍事的な働きには積極的に協力し、とりわけ、核兵器による惨禍を経験した唯一の被爆国にある教会として、核兵器を含むあらゆる大量殺戮兵器の廃絶を訴えます。

この世における平和は、確かに暫定的なものです。それにもかかわらず、わたしたちは、国家的為政者が、世界の平和と正義の実現のためにキリストから委ねられている権能を正しく行使できるようにと祈ります。しかし、彼らが自己の権力を絶対化し、キリストからの権能を濫用し、それによって人々の命と人権が脅かされる時には、毅然として主の御心を宣言して抗議します。さらに、聖霊が促す時には、人に従うよりは神に従うために国家的強制に抵抗し、徴兵制が実施されるような場合には、良心のゆえに兵役を拒否する人々と連帯します。

3　平和と正義と愛の業

「主は平和を宣言されます
御自分の民に、主の慈しみに生きる人々に
彼らが愚かなふるまいに戻らないように…。
慈しみとまことは出会い
正義と平和は口づけし
まことは地から萌えいで
正義は天から注がれます」（詩85・9、11－12）

神の平和と正義と慈しみは、切り離すことができません。イスラエルを苦難と抑圧から解放された神の律法は、ご自分の民が正義と慈しみに生きることを求めます。旧約預言者たちが、正義と慈しみの欠如した社会を平和なき社会として厳しく批判したように、平和の福音に生きる教会もまた人間社会が生み出す不正義に無関心ではいられません。「正義を洪水のように　恵みの業を大河のように　尽きることなく流れさせ」るのが、主の御心だからです（アモ5・24）。

正義の神は、何よりそのような社会の犠牲になっている人々を憐れむ愛の神でもあります。人間の罪の悲惨を担われたイエス・キリストにある愛の業（ディアコニア）こそ、この世における神の平和の具体的な現れです。真の平和は力による支配ではなく、正義と公正と隣人愛によってこそつくり出されるからです。キリストに愛されたわたしたちは、この世に満ちる差別・暴力・不正の犠牲者に寄り添い、不安と恐れの中にいる人々の隣人となることを選び取ります。また、加害者の責任を問いつつも自ら罪人であることを忘れずにへりくだり、赦しの愛によって平和をつくる道を模索します。キリストの十字架を掲げる教会は、もはや敵意と憎悪に生きることができないからです。

わたしたちにはまた、神の被造世界における平和と正義を希求し、これをよく治める責任（スチュワードシップ）が委ねられています。それゆえ、すべての人間の命を脅かす生態系の破壊や原子力発電所問題など、環境を巡る平和と正義にも関心を持ち続け、被造物の保全と回復のために努力します。

4　平和のための協働と連帯

「できれば、せめてあなたがたは、すべての人と平和に暮らしなさい」（ロマ12・18）
「あなたの子らは皆、主について教えを受け、あなたの子らには平和が豊かにある」（イザ54・13）

主イエス・キリストにある愛の交わりが、神の平和の礎《いしずえ》です。わたしたちは平和をつくり出すために、民族や国境を超え、教派を超えて、すべてのキリスト者と協働し連帯します。キリストにある神の子らの一致こそ、この世における最も鮮やかな神の平和の証だからです。

様々な矛盾に満ちた罪の世界に平和をつくり出すためには、忍耐と知恵、聖書に基づく信仰的洞察が必要です。わたしたちは、この世における平和と正義の実現のために、自らの確信を堅く保つと同時に、思想・信条・宗教・民族・人種・性など、あらゆる違いを越えてすべての人を尊び、謙遜に対話を重ね、個々人に与えられた務めと関係を通して共に働きます。すべての人と共に平和に生きることが、主の御心だからです。

この世における平和はまた、絶えずつくり続けなければ失われます。それゆえ、過去の過ちから学んで未来を切り拓く次世代への平和教育は、教会の重要な責任と課題です。わたしたちは、次世代の若者たちと共に神の平和を喜び、教会と家庭と社会において共に学び・語り・労する具体的プログラムを通して、平和を実現する人々を育てます。

5　終末における平和の希望と祈り

「これらのことを話したのは、あなたがたがわたしによって平和を得るためである。あなたがたには世で苦難がある。しかし、勇気を出しなさい。わたしは既に世に勝っている」（ヨハ16・33）

終末において、神は完全な平和をこの世界にもたらされます。その日に至るまで、わたしたちはなお自分自身とこの世界の罪の現実との戦いを避けることができません。しかし、わたしたちの主はすでに勝利しておられます。わたしたちは、何よりもまず、自らの心の中にキリストの平和を築き、この平和を喜ぶ力によって憎しみや失望に打ち勝ち、決して諦めることなく平和の道を模索し続けます。

この世の悪しき霊との戦いに神の武具を身に着けて立ち向かい、平和の主の到来を待ち望みつつ、心を高く上げて祈ります。

平和の君である主イエス・キリストの父なる神よ、
憎しみと争いの絶えない世にあって、
あなたが御子によってもたらしてくださった平和の道を、
わたしたちが生きて行くことができるように助けてください。
わたしたちの罪をきよめ、あなたの平和の道具としてお用いください。

言葉だけの平和に終わることのないように、
平和を実現するために必要な知恵と力を、聖霊によってお与えください。

あなたによって立てられた為政者たちが、
「剣を打ち直して鋤とし　槍を打ち直して鎌とする」勇気を与えられ、
平和のために働くことができますように。

何よりも主ご自身が愛と正義と平和の御国を
速やかに来たらせてくださいますように。
主イエス・キリストの御名によって祈ります。アーメン。

「平和宣言」解説

はじめに――「平和宣言」作成の経緯

ここに公にしました文書は、二〇二三年十月十九日に、日本キリスト改革派教会が第78回定期大会で採択した文書です。

私どもの教会は、これまでも、自分たちの歩みを総括し、折々の時代の課題を受け止めて、教会の歩むべき目標についての同意を作り出すために「平和宣言」と呼ばれる文書を作成してきました。

この度の文書もその一つですが、少なくとも今回に関しては、これを決して自分たちだけの文書にしてはならないと初めから考えていました。不十分な文章ではありますが、むしろ多くの方々と問題を共有し、共に平和をつくり出していくための〝対話〟の材料にしたいと願ったからです[1]。

そこで、この「はじめに」では、「平和平和宣言」が作成された経緯を簡単に説明し、続く解説のための導入にしたいと思います。

この「平和宣言」作成に導かれた理由は、大きく三つあります。

1　戦争協力の罪責告白と今日の教会の責任

日本キリスト改革派教会は、戦後まもなく一九四六年に創立されました。その創立は、戦争中にキリストの教会としての使命を果たせなかったことの悔い改め(2)と、この国に聖書に堅く立つ教会を立てたいとの献身の志によるものでした。

この悔い改めをさらに明確に言い表したのは、「創立三十周年宣言」（一九七六年）の序文です。

創立にあたって指導的な役割を果たした教師たちが、戦時中、教会合同にさいし、旧日本基督教会内にあって「聖書の規範性、救いの恩恵性、教会の自律性」という三原則を掲げて反対し、また国家神道体制下における神社参拝の強要にも屈しなかった信仰の戦いは、日本基督改革派教会の創立およびその後の歩みと深いかかわりをもつものでありました。しかし、私たちは、宗教団体法下の教会合同に連なったものとして、同時代の教会が犯した罪とあやまちについて共同の責任を負うものであることをも告白いたします。戦時下に私たち日本の教会は、天皇を現人神とする国家神道儀礼を拒絶しきれなかった偶像崇拝、国家権力の干渉のもとに行なわれた教会合同、聖戦の名のもとに遂行された戦争の不当性とりわけ隣人諸国とその兄弟教会への不当な侵害に警告する見張りの務めを果たし得ず、かえって戦争に協力する罪を犯しました。

この「三十周年宣言」は、以上のような反省の下に、あるべき教会と国家との関係について告白をした重要な文書です（添付資料を参照）。今回の「平和宣言」は、この「三十周年宣言」の理解を継承しつつ、今日と将来の教会がこの世に対して果たすべき責任を〝平和をつくる〟という視点からより十分かつ積極的に展開しようとしたものです。

2　聖書的「平和」理解の共有と教育

「平和宣言」作成の必要に迫られた、より直接的なきっかけは、日本国憲法が主唱してきた「平和」の概念がねじ曲げられるかもしれないとの危機感からでした。

日本は、戦後に制定された平和憲法によって戦争のない生活を長らく享受してきましたが、戦前の旧日本回帰を願う人々による政治の右傾化によって憲法の平和主義は常に脅かされてきました。とりわけ、二〇一三年以降、安倍晋三首相（当事）が、国家安全保障戦略の基本理念として「積極的平和主義」という用語をたびたび用いるようになりました。しかし、この用語は、本来の意味（貧困・抑圧・差別などの構造的暴力がない状態）(3)を大きく誤解させる表現です。そして、おそらくは今後も、「平和」という言葉が憲法の主旨とは別の意味にねじ曲げられて用いられ、世論が誘導されるのではないかとの危機感を強くしたのです。

そこでわたしたちは、平和憲法があろうがなかろうが、私たちキリストの教会がいつの時代にも実現すべき真の「平和」とは何かを、もう一度聖書から学び直し、その理解を共有して次世代にも教育していく必要を感じた次第です。

幸いにも、時を同じくして、聖書神学の分野では特にメノナイト伝統(4)の学者を中心に聖書の「平和」概念の研究が盛んになされ、また新たな学問分野として平和学が登場してきたことも、わたしたちにとっては大きな学びと励みになりました。

3 「合法的戦争」理解の見直し

キリスト教がローマ帝国の国教になって以後、およそ軍隊を持つキリスト教国では、戦争は絶えず神学的・実践的問題でした。そして、それを正当化する論理は、今日に至るまで、いわゆる〝正義の戦争〟または〝合法的戦争〟と呼ばれる論理でした。わたしたち日本キリスト改革派教会が信仰規準として採用している『ウェストミンスター信仰告白』(一六四六年)でも、為政者は「新約のもとにある今日も、公正で、やむを得ない場合に、戦争を行うことは、合法的で、許される」(23章2節)と告白されているとおりです。

ところが、この論理に大きな疑問符が付けられてきたのが、二十世紀以降の戦争を巡る状況の変化でした。二度にわたる世界大戦。とりわけ、その最後に人類史上初めて用いられた核爆弾という大量殺戮兵器、またその後の冷戦構造の中で繰り広げられた核兵器の開発競争と核戦争の危機を通して、もはや〝正義の戦争〟という範疇そのものが通用しない事態ではないかと問われてきたからです。(5)

さらに、冷戦後の複雑な国際情勢と各地で繰り広げられる紛争やテロ、複雑化する戦略と兵器の開発もまた、〝正義〟とは何かを一層不透明にしています。わけても、二〇〇三年に勃発したアメリカによるイラク戦争は、イラクの大量破壊兵器保持を理由に始められた〝正義の戦争〟でしたが、その理由が虚偽であったことが明らかになるにつれ、米国キリスト教保守派においてさえ戦争の大義名分に対する疑念が起こってきました。

このような状況を踏まえ、わたしたちは今一度、自らが採択している信仰規準の告白の意味と今日における適用を再考する必要に迫られました。とりわけ、核爆弾を経験した世界で唯一の被爆国、また戦争放棄を明記した憲法を有する国にあるキリスト教会として発信すべき信仰の告白があるのではないかと、わたしたちは考えたのです。

＊

以上のような背景のもと、「平和宣言」の草案が日本キリスト改革派教会の憲法委員会第一分科会によって作成されましたが、その間に期せずしてロシアによるウクライナ侵攻（二〇二二年）やパレスチナ・イスラエル戦争（二〇二三年）が相次いで起こり、わたしたちが〝戦争の時代〟に生きていることを思い知らされました。こうして、多くの議論や修正を重ねた後に、二〇二三年に教会全体での採択に至りました。

この「平和宣言」は、事柄の性質上、神学的問題のみならず、きわめて現実的・実践的側面を有しています。そのために、「宣言」草案作成の段階から、同教会の「宣教と社会問題に関する委員会」から貴重な意見や示唆をいただきました。そこで、今回の解説では、上記憲法委員会第一分科会と「宣教と社会問題に関する委員会」の委員による共同執筆という体裁を取ることにしました。ただし、解説の内容そのものは、必ずしも全教会の公式見解ではなく、それぞれの執筆者の関心と裁量にまかされていることをご了解ください。

また、あくまでも広くかつ若い世代の読者をも念頭においていますので、できうる限り簡潔に記すことを旨としました。言葉足らずの面はぬぐえませんが、本「平和宣言」を理解していただくきっかけになれば幸いです。

（1）これまですでに、教派として採択された「平和宣言」として、日本バプテスト連盟による「平和に関する信仰宣言」（二〇〇二年）がある。

（2）「今次の大戦に当りては、宗教の自由は甚だしく圧迫せられ、我等の教会も歪められ、真理は大胆に主張せられざりき。我等は之を神の聖前に恥ぢ、国の為に憂ひたり〔このたびの大戦においては、信教の自由ははなはだしく圧迫され、わたしたちの教会もゆがめられ、真理は大胆に主張されませんでした。わたしたちはこのことを神の御前に恥じ、国のために憂えています」」（創立宣言より。〔　〕は現代語訳）。

（3）ノルウェーの平和学者ヨハン・ガルトゥング（一九三〇―二〇二四年）が一九五八年に提唱した概念。

（4）十六世紀の再洗礼派に起源を持ち、その平和主義に大きな特徴を持つ。

（5）例えば、『キリスト告白と平和――ドイツ改革派教会平和宣言』小池創造訳（新教出版社、一九八四年）や『教会と核武装――オランダ改革教会教書（一九八五年）』池永倫明訳（新教出版社、一九八五年）などを参照。

（吉田隆）

「平和宣言」序文

はじめに――『茶色の朝』と「戦争の時代」

『茶色の朝』という小さな絵本があります。フランク・パヴロフというフランスの心理学者の作品で、一九九八年に出版されて以来累計二〇〇万部が売れたそうです。日本でも二〇〇三年に翻訳出版され、何年か前には「シャルリー」という題名でオペラ公演もなされましたので、関心のある方には記憶に新しいと思います。

この絵本のテーマは、現代の民主主義的な政治体制が併せ持つ〝ポピュリズム〟的体質の中から独裁政治体制が登場してくる危険性の指摘です。ストーリーはシンプルです。(1)ある時、茶色い猫以外の猫飼育を禁止するという理不尽なペット特別処置法が出されるのですが、面倒をおそれる主人公は、納得しないながらもその現実に妥協します。しかし、同じような政策が繰り返し積み重ねられていく中で、いつの間にか日常世界に理不尽な規制が増えていき、ある朝起きてみると、そこにはいつの間にか全てが茶色だけの世界になってしまっている、というものです。

二十世紀末のフランス議会や欧州議会に登場した国民戦線（ＦＮ）[2]のような新しい右翼勢力の登場に対する危機感から書かれた作品ですが、小さい不自由への妥協がいつの間にか市民的自由を奪い、後戻りのできない戦争と破壊への道が出来上がってしまっている、そんな事態が生じてしまうことへの危険性を指摘し、わたしたちが日常性に埋没せず、時代と社会の動きを見据えつつ理性的で適切な状況認識をする必要性がある、と訴えているわけです。「茶色」はもちろん、ナチス親衛隊に由来する軍隊の制服色を象徴したものです。

実際の歴史においては、二度の世界大戦の経験が、わたしたちに、現代の戦争の何たるかを余すところなく教えてくれました。現代の戦争とは、軍隊と非武装民間人とを区別せず、政治はもちろん、経済や社会のあらゆる分野のさまざまな組織を戦争目的のために強引に動員し国家全体を統合して行う、いわゆる総力戦として行われる戦争です。したがって、現代の戦争においては、戦争によって引き起こされる物的人的被害に対する責任を軍隊という特別な国家組織にのみ負わせることはできません。直接的にせよ間接的にせよ、国家によって動員され統合化されて戦争を遂行した個人や組織はすべて、応分の責任を負わなければならないのです。

このような「戦争の時代」において、平和の福音を知り、その真理に生きようとするわたしたちキリスト教会は、戦争と平和形成の働きに対し、一体どのような対応をするのが適切なのか、それを明らかにし、信仰告白として公にしようとしたのが、日本キリスト改革派教会の出した「平和の福音に生きる教会の宣言」です。

以下、宣言全体の背景となる序文が語る「戦争の時代」とは何なのかということを中心に、現在の時代認識と宣言の基本的な姿勢を明らかにしたいと思います。

1 「戦争の時代」の幕開けとしてのウクライナ侵攻

宣言では、戦後八十年近くを経た現在の時代状況を「戦争の時代」という言葉で説明しようとしています。その理由は、二〇二二年二月のロシア軍によるウクライナ侵攻をきっかけとして、戦争をめぐる国際政治のあり方が大きく変わった、と考えられるからです。

戦争による破壊や殺戮が、普通の日常生活と隣り合わせになった時代、普通の日常生活が簡単に破壊され殺戮が日常的になりうる時代、それが「戦争の時代」の意味するリアルな時代認識です。

二〇二二年二月二十四日にロシア軍正規部隊のウクライナ侵攻によって始まったウクライナ戦争は、世界に、国際関係史上画期的な変化をもたらしました。この戦争によって、第二次世界大戦後、綻《ほころ》びを見せつつもかろうじて維持されてきた国連憲章的国際秩序を支える箍《たが》がはずれてしまった、と考えられるからです。

現行「日本国憲法」の「前文」では、国際社会のことを、「平和を維持し、専制と隷従、圧迫と偏狭を地上から永遠に除去しようと努めている」ものと説明しています。それは、歴史的に見ると、第二次世界大戦の惨禍を踏まえ、国際連合憲章（一九四五年十月二十四日発効）の理念のもとに新たな国際秩序を作り上げようとしていた国際連合加盟諸国（当時は第二次世界大戦の戦勝国）にほかなりませんでした。日本国憲法の平和主義の理念を支える現実的背景は、実は国連憲章の理念にもとづく戦後平和秩序だったわけです。しかし、その後、米ソ東西対立による「冷戦」下で行われた多くの局地戦争、またソ連邦崩壊以降、特に二十一世紀に入ってからは、超大国アメリカのユニラテラリズム（単独行動主義）

によるイラク戦争（二〇〇三年）など、国連憲章の理念の空洞化が絶えず叫ばれ続けてきました。

しかし二〇二二年のロシア・ウクライナ戦争の勃発は性格が異なりました。旧ソ連の地位を引き継いだ国連常任理事国ロシア共和国が、プーチン大統領のもとで自覚的に国家併合のための侵略戦争を起こしたからです。プーチン大統領は、ピョートル大帝やカテリーナ2世といったロシア皇帝の後継者を自認し、ウクライナを含むロシア帝国の領土復活を企てたとも指摘されており、その結果として、第二次世界大戦前のような帝国主義的国際政治の時代が再び新たに幕を開けたと言われるようになったのです。

2 「戦争の時代」における東アジアの軍事的緊張

東アジアでも、急速な経済成長を遂げた中国が二〇一一年以降日本を追い抜いて世界第二位のGDPを持つ経済大国となりました。さらに二〇一四年以降、権威主義的な独裁国家としての「習近平の中国」が登場することになります。習近平体制は「中国の夢」という大国化宣言をすることによって、アメリカを中心とする西側諸国に大きな衝撃を与えました。それは同時に中国が急ピッチで進める軍事力増強の時代のキック・オフでもありました。実際、中国の軍隊である人民解放軍は、世界最大の常備正規軍二百万を有し、内容的にも第一列島線[3]の外延へと進出することを目指す空母打撃群[4]と艦船数においてアメリカを凌駕しつつある艦隊を持つ海軍、大陸間弾道核ミサイルをはじめとする各種ミサイルを装備したロケット軍、最新鋭のステルス戦闘機[5]を中心とした空軍、と広範囲の軍事力を持つに至っています。このような軍事力増強は、二〇一九年から二〇年にかけて行われた香港の民主化運動弾圧やその後の台湾「併合」宣言とも相まって、太平洋を挟むアメリカの軍事的警戒心を高め、アメリカ軍の軍事力増強をも促しています。さらに日本、韓国、フィリピン、オセアニア諸国、そしてNATO諸国との軍事的結束を強化しながら、各国の軍事力拡大を引き起こし、新たな国際緊張を増幅させつつあります。

3　戦争をめぐる日本国内世論の変化

このような軍拡と政治的緊張を高めつつある世界情勢の中で、日本の国内政治では、二〇二三年後半以降、第二次安倍政権時代を支えた復古主義的政治勢力が急速に後退し、政治の世界における復古主義イデオロギーの脱色化(6)が進んでいるように見えます。しかし、実際には東アジアの軍事的緊張を受けて、日本の防衛原則の転換が外交の実務家レベルで着々と進み、アメリカ政府とアメリカ軍の要求に呼応しながら、中国や北朝鮮、そしてロシアとの戦闘行為を念頭に置いた軍事力増強と戦争参加の準備が急速に進められている現実には注意を払うべきです。

防衛省のホームページを見ると、一般国民向けの『丸わかり！　日本の防衛〜はじめての防衛白書2024』が簡単に読めるようになっています。そこでは、日本政府が現在実施しつつある軍事力の増強の内容について子供にも理解できるようわかりやすく説明されているのですが、わたしは、このパンフレット防衛白書を読みながら、一九四七年に、当時の文部省が中学生向け社会科教科書として発行した『あたらしい憲法のはなし』を連想してしまいました。第二次世界大戦で国民にはお馴染みだった軍艦や飛行機を「戦争放棄」と書かれた大きな鉄釜に放り込み、ビルディングや民間列車、貨物列車や消防車、鉄塔などに作り直す挿絵が入った、あの歴史的にはとても有名な教科書です。現在進行中のGDP2パーセント防衛費によって実施される軍事力の増強は、あの教科書とは逆に、自衛隊の必要性から始まり、アメリカと一緒に「攻撃を思いとどまらせる力」を強くし、

「協力できる仲間」との関係を強くし、強力な軍事兵器を国内で生産し人材を確保し、陸海空自衛隊の装備を強力にしていく政策として多面的に説明されています。日本国憲法の平和主義を強調した『あたらしい憲法のはなし』から八十年近い年月を経た現在、日本政府は、当時とは全く正反対の軍事力増強政策を解説する『丸わかり！　日本の防衛』によって、場合によっては戦争をするかもしれない日本、という新しい姿を公にしつつあるのです。

4　平和運動との連帯とわたしたち

日本の「戦後史」の中で、わたしたちは、平和や繁栄の「裏面史」として、沖縄問題、在日外国人問題に象徴される差別社会としての姿を正面から見つめることを避けて歩んできました。日本は、サンフランシスコ講和によって一九五二年に主権を回復しましたが、米軍基地の集中していた沖縄は米国統治下に置かれ、日本に復帰したのは一九七二年になってからのことでした。沖縄はさらにその後も巨大な米軍基地から解放されることはなく、現在も在日米軍専用施設の約七割が集中し、総面積の十五パーセントの土地を占有し続けています。それが沖縄に住む人々にどのような負の生活条件を押し付け続けてきたのか、わたしたちはその現実をしっかりと認識し、問題の解決に取り組む必要があります。また、大日本帝国時代の負の遺産として引き継がれた在日外国人問題、すなわち朝鮮籍や中国籍の日本在住者に対する政治的社会的制度的な差別構造にもしっかりと目を向ける必要があります。社会には、不作為ないし間接的に特定の人々への害悪や屈服を強いるような暴力が働く面があります。それを平和学では「構造的暴力」というのだそうですが、沖縄問題や在日外国人問題は日本社会の構造的暴力の最たるものということができるでしょう。戦争は国家による暴力の行使に他なりませんが、この構造的暴力もまた社会的規模で行われる暴力の行使と言えるでしょう。

このような複雑多岐にわたる内容を持つ「戦争の時代」という時代状況の中で、わたしたちはどのような平和運動を展開すればよいのでしょうか。おそらく、そこには、これまでの平和運動が目指してきたことと異なる運動を展開すべき理由は存在しないと思われます。むしろ、自分たちの国が国際紛争や国際摩擦の解決のために戦争という手段を用いない、他国を武力で侵略するような軍事国家にはしない、そして自分の国や社会の内部に埋め込まれた暴力的に作用する仕組みや考え方を解消し、乗り越えていく、そんな働きが社会の各分野で広く、かつ持続的に推進されていくことが必要です。その意味で日本国憲法の平和主義は否定されてはならず、むしろその深化と発展こそが目指されなければなりません。ましてや、自国内部の差別や抑圧の構造に目をつぶってひたすら復古主義的な軍事国家を再建していこうとする主張や運動に与《くみ》してはならないと考えるべきでしょう。

戦後日本におけるキリスト教会の教会形成と宣教活動は、日本国憲法に大きく支えられてきました。日本国憲法の平和主義を支えたのは強固な平和主義の思想というより戦後日本の国民的な「敗北を抱きしめて」[7]歩む思いとそれを支えた厭戦気分が大きく与《あずか》っていた事実は否定できません。

しかし、結果として、日本国民は、図らずしてシャロームのメッセージが国家社会制度とシンクロした恵みの現実を与えられていたのだ、と考えることもできます。その平和主義と戦争放棄の理念は、政教分離原則とともに、キリスト教会の福音宣教の活動を支えた大きな社会的枠組みだったと考えるべきでしょう。

わたしたちキリストの教会は、大きな過ちと犠牲の上にこの国に与えられた平和主義と戦争放棄の理念を多くの人々と共有しつつ、何よりも主イエス・キリストに呼び集められ、主イエス・キリストが実現してくださった「平和の福音」に生きる教会として、日本と世界の平和に対する使命と責任について考え、働く、という態度表明をしたいと願います。

おわりに

こうして現状をしっかり見据えると、冒頭に挙げた『茶色い朝』とは、二十世紀末のフランスの話ではなく、一見平和に見えているわたしたちの日本において、静かに進行しつつある「戦争の時代」の現実を示しているもののようにも思えてきます。「平和の福音」に生きるわたしたちの教会は、このような『茶色い朝』になりつつある時代状況の中で、日本と世界の平和に対する使命と責任を担っていこうと宣言しているわけです。そこでは、いつ戦争が現実に起こるかわからない状況の中で、また、不幸にも戦争が起こってしまったような状況の中でさえも、「平和の福音」に生きていくことの具体的現実的な内実がどのようなものでありうるかを問い続けることがめざされています。

戦争へと向かうこの世的現実の動きがどのようなものであっても、主イエス・キリストの教会は、あくまでも聖書が示す平和の福音を語り、戦争ではなく、平和をつくり出す働きをしていくことが促されている。そうわたしたちは考え、行動していきたいと願います。

（1）ポピュリズム（populism）とは、変革を目指す政治勢力が、既得権益をもつ既存の政治権力を大衆的な利害に訴えることによって倒したり、主張を実現しようとする政治スタイルを意味する政治用語。最近の日本政治の事例としては、安倍政権を支持した日本会議の運動がそれに相当する。

（2）「国民戦線」とは一九七二年にフランスで結成されたジャン＝マリー・ルペン率いる右翼政党。反ユダヤ主義、排外主義、人種主義的主張を展開し、二十世紀末以降、政権に迫る動きを見せたことでフランス政治に危機感を生み出した。二〇一八年に国民連合と改名。

（3）第一列島線とは、中国の大陸棚を中心とする新たな海洋勢力圏として独自に設定した防衛戦のこと。九州沖から沖縄、台湾、フィリピン、そして南シナ海を囲むラインであり、最近では同ラインを示す一般的な軍事用語として用いられている。この防衛戦への中国の固執が、尖閣問題や台湾問題、フィリピン海洋問題を引き起こしている。

（4）アメリカ海軍が採用している空母を中心として編成された攻撃用艦隊のこと。中国人民解放軍は航空母艦を建造することによって同様の艦隊を編成し、アメリカと同等の海軍力を保有しようとしている。

（5）レーダーの電波を反射しにくい性能をステルス性と呼び、その性能を高めた戦闘機をステルス戦闘機という。軍事技術的には、第五世代のジェット戦闘機が有する性能である。日本は現在、中国の第五世代ステルス戦闘機導入に対抗して、アメリカが汎用ジェット戦闘機として開発したF35ステルス戦闘機百機を輸入し、航空軍事勢力の均衡化を図ろうとしている。

（6）岸田政権のもとで進められつつある反安倍派をめぐる政争の結果として、日本会議を中心として推進されてきた復古主義的「国民」運動や諸政策が政治の前面から後退するようになった現象を指す。今後の自民党内部の勢力関係の変化によって転換の可能性もありうる。

（7）ジョン・ダワー『敗北を抱きしめて――第二次世界大戦後の日本人』（三浦陽一、高杉忠明訳。岩波書店、二〇〇四年。原題：John W. Dower, *Embracing Defeat: Japan in the Wake of World War II*, 1999.）

（長谷部弘）

「平和宣言」第1項「神の平和と世界の平和」

「神は、キリストを通してわたしたちを御自分と和解させ、また、和解のために奉仕する任務をわたしたちにお授けになりました」（二コリ5・18）

「平和」という言葉は誰の耳にも心地よい、また大切な言葉です。おそらく、多くの人々にとって「平和」とは、戦争のない安心して暮らせる状態を指すのではないでしょうか。それは、必ずしも間違いではありません。しかし、例えば、自国の安全や繁栄を確保するために（つまりは「平和」のために）敵と思われる国や人々を攻撃・殺害することはどうでしょうか。あるいは（「平和」のために）軍備を増強して戦争に備えることはどうでしょう(1)。

このように考えると、「平和」という言葉が意味していることや、「平和」のために行動することは、決して単純ではないことに気づかされます。実際、戦争を行うために、様々な情報操作や論理のすり替えが行われて、国民がだまされる。いわゆる知識人と呼ばれる人々でさえも、戦争を推進するために国家に取り込まれてしまう。そのような状況が、過去の戦争においては何度となく繰り返されてきました。

ですから、特に、わたしたちキリスト者は、何よりもまず聖書が教える「平和」とは何かを理解する必要があります。社会的・政治的状況がいかに変化しようとも――たとい現在の日本の平和憲法が改悪され、戦争が現実になったとしても――「平和の福音」に生きる教会は、神が教える「平和」を宣教し、それをつくり出し続けて行かねばならないからです。

「平和宣言」では、聖書全体における「平和」について、〝シャローム〟という言葉を中心に述べていきます。

1　聖書の「平和」（シャローム）の意味

聖書が示す「平和」（シャローム）は、戦争や争いのない状態のみならず、何よりも神との霊的な関係における自由と幸福、肉体的健康や物質的充足、人間関係における調和や喜びをも意味します。それは、創り主なる神によって与えられた「極めて良い」世界に他なりません（創１・31）。

旧約聖書において、通常「平和」と訳されることが多い〝シャローム〟というヘブライ語は、きわめて多様な場面で用いられる言葉です。戦争がない状態（王下20・19）を指すこともありますが、他にも長生きや健康な状態（箴３・２）、経済的な祝福（ゼカ８・12）、安心や安全（詩４・９）、友好関係（士４・17）、あるいは自然界との調和や共生（エゼ34・25）さえも含む、実に豊かな概念です。

それは、神が、創造された世界全体に望んでおられる完全さ、健全さ、安心や安全、調和、幸福や喜びです。一言で言えば、〝シャローム〟とは、神がお造りになった「極めて良い」世界を指す、と言ってよいでしょう。自然界全体も含む豊かな世界で、あらゆる人々が不安や恐れから解放され、物質的にも精神的にも安心して共に生きることができる状態のことです。したがって、それはまた、創造主なる神御自身の性質である真実・正義・慈しみによって成り立つ世界（詩85・９－14参照）であり、その中心に神と人間との平和な関係があることは言うまでもありません（同３－４節）。

2　人間の堕落と戦争

しかし、人間は自らの欲望と自己中心性のゆえに、この平和を破壊して堕落し、神と敵対し、神と隣人とを軽んじる暴力と混乱に満ちた世界をもたらしました。

(1)「平和」を失った世界の悲惨

これが、聖書が描き、またわたしたちが日々目にしている現実世界の悲惨です。創世記が描く人間の堕落による悲惨は、〝神のようになろう〟とした人間の欲望と自己中心性によって破壊された神との「平和」無き世界であり、その結果として現れた家族関係の破壊（創3－4章）、暴力と殺人（4、6章）、混乱と分裂（11章）が支配する世界です。

先に述べた聖書の「平和」概念の広がりを理解すれば、なぜ「平和宣言」が戦争の問題だけでなく、人々の暮らしを脅かす「貧困・差別・人権侵害・環境破壊など」のいわゆる「構造的暴力」の問題（「平和宣言」序文）までも扱っているのかがおわかりいただけると思います。旧約の預言者たちが、正義と憐れみの欠如した、見せかけだけの「平和」を追い求める社会とその指導者たちを厳しく糾弾したことを思い出してください（エレ８・10－11など）。

(2) 旧約聖書における戦争の問題

さて、ここで、真の「平和」を望まれる神が、なぜ旧約聖書において戦争を命じているのかという難しい問題を扱っておきましょう。この問題は、本来、一つ一つの聖書テキストの文脈に即して説明しなければなりませんが、大きく以下の点だけをご理解いただきたいと思います。

第一に、旧約聖書に出てくる戦争は、堕落した人間世界の現実として描かれているということです。つまり、戦争無き世界に戦争をつくり出しているのではなく、戦争がすでに当然のこととして存在する堕落世界のただ中で、それらを通して神はご自分の民を教えようとされた、ということです。

第二に、それでは、戦争という現実を通して神が教えようとされたこととは何でしょうか。三つほどあります。①〝神による戦い〟と〝人間による戦い〟との違い。旧約聖書に登場する有名な戦いを思い起こしてください。例えば、エジプト軍を滅ぼした葦の海での戦い（出14・14、15・3）・エリコの戦い（ヨシ6・16）・ギデオンの戦い（士6・16）などは〝主が戦われる〟と言われた戦いですが、それらはすべて武力や兵力によらない戦いでした（ヨシ24・12、詩20・8、44・7等参照）。つまり、これらの戦いを通して神が教えようとされたことは、戦いの仕方ではなく、何よりも〝主に信頼する〟という信仰なのでした（「平和宣言」第2項）。②人間による戦争への警告。他方で（とりわけカナン定着後に）人間が起こす戦争に対しては、律法にそのルール（申20章）が規定されているように、人間の欲望や無秩序な戦いが禁止されています。また、軍事力や他国との同盟に頼ることも警告されます（イザ31・1）。これらを真面目に守ろうとするならば、戦争などできません！③一民族を越えた神。イスラエルの神である主は、常にイスラエルを味方するとは限らないと明言します（民14・43、エゼ39・23など）。この神はすべての民族の主であって、御自身の計画を実現するために、他民族さえも用いる神だということが明らかにされました。

イスラエルは神の民でありながら、自分たちや人間の力に頼んで敗北し、国は滅亡しました。こうした歴史を背景とする預言者たちが語ったことは、結局のところ、地上での人間による戦争の愚かさであって、神御自身によってのみ実現に至る真の「平和」が支配する世界の幻でした（イザ２・２－５、９・１－６、11・１－９、66・12など）。

第三に、旧約聖書の戦争記述を通して明らかになるのは、主なる神が本来戦争そのものを否定する愛の神だということです。例えば、神礼拝の場が戦いと無縁でなければならないこと（代上22・８－９）、敵味方・人間動物を超える命の尊さ（ヨナ４・11）、何よりも〝主の僕〟に現された犠牲的な愛の精神などです（イザ53・12）。

以上のように、堕落したこの世界に、真の神の「平和」を実現するために、何よりも犠牲的な神の愛を体現された方こそが、御子イエス・キリストなのでした。

３　御子イエス・キリストによる「平和」の実現

それにもかかわらず、平和の神は人間を愛し、この世に真の平和を回復するために御子をお遣わしになりました。御子イエス・キリストは、弱さの中にいる人々の病を癒し、空腹を満たして、その心に喜びを与えられただけでなく、十字架の苦しみと死によって敵意という隔ての壁を打ち破り、永遠の平和を樹立されました。

先に述べたような旧約聖書における「平和（シャローム）」の神を理解するならば、まさにそのような真の「平和」を回復するために遣わされた方が、御子イエス・キリストであったことがよくわかると思います。

なぜイエスが（福音書の中で描かれているように）多くの人々の病を癒したり、空腹を満たしたり、不安と孤独な中に疎外されている人々に手を差し伸べたのか。そこには、ねじ曲がった社会の犠牲となっている人々への、神の正義と憐れみに基づく真の「平和」の回復があります。

また、イエスは有名な山上の説教において、「平和を実現する人々は、幸いである、その人たちは神の子と呼ばれる」と語られました（マタ５・９）。新約聖書に一度だけ用いられる「平和を実現する（＝つくる）者」というギリシア語は、当時の世界では〝神の子〟と呼ばれたローマ皇帝を意味する言葉でした。圧倒的な力によって、地中海世界を平定した皇帝こそが「平和」を実現する者と考えられたからです。しかし、イエスは、そのような軍事力によらない神の〝平和（シャローム）〟をつくり出す者たちこそが、真の「神の子たち」なのだと言われたのです。

さらに、「だれかが右の頬を打つなら、左の頬をも向けなさい」（マタ５・39）、「敵を愛し、自分を迫害する者のために祈りなさい」（同５・44）と言われ、非暴力によって敵味方関係を乗り越えることこそが「天の父の子となる」（５・45）道であることをも示されました。これらは、当時の常識を覆す、驚くべき「平和」観でした。

このように教えられた主イエスは、そのご生涯の終わりに、文字通り十字架上で流された血によって、この世界にある敵意を滅ぼし、神と人間世界との和解を成し遂げられたのでした（エフェ２・16）。ここに、預言者たちが指し示した神の「平和」に基づく世界の実現があります。

４　キリストの平和の共同体としての教会

主イエス・キリストこそ、わたしたちの平和です（エフェ２・14）。それゆえキリストの教会は、主の聖霊による一致と喜びのうちに神を礼拝し、すべての人を尊び、隣人との間にキリストの平和を具現して、この世界に真の和解と祝福をもたらす「平和の福音」に生きる共同体です。

主イエス・キリストこそが、「平和（シャローム）」そのものです。そうだとすれば、わたしたちキリスト者とキリストの教会が「平和」を考える時には、絶えずこのイエス・キリストという方に立ち戻らなければならない、この方を見なければならない、ということです。主イエスの地上での御姿、その生涯でなさったこと、どのように人に接しどのように敵に立ち向かわれたかを、わたしたちはこの方から学ばなければなりません。

ですから、このイエスの弟子となったパウロもまた、非暴力によって神の平和を樹立された主イエスにならって、敵を愛し迫害する者のために祈るようにと教え（ロマ12・14、20）、「悪に負けることなく、善をもって悪に勝ちなさい」と勧めています（同12・21）。

イエス・キリストの十字架の死を通して、世にある「敵意」が葬り去られ神との平和が打ち立てられたとするならば、キリストの教会は、何よりも自分自身が神との平和を喜び味わうと共に、キリストがもたらした「平和の福音」に生きるものでなければなりません。それは、すべての人を尊ぶこと（ロマ12・19－21、14・18－19、ヘブ12・14）、義と平和と喜びをつくり出して行くこと（ロマ14・17）、そうして教会そのものがこの世にあって「平和」の共同体また祝福の源となることです（エフェ4・1－6、一ペト2・9－12）。

5　地上の平和の未完性と終末までの教会の使命

父・子・聖霊なる神の平和は、キリストにおいてすでに実現しつつも、未だ完成には至っていません。世の終わりに至るまで、人間の罪に基づく憎しみと争いは絶えることがありません。それにもかかわらず、わたしたちは、この世界が与えることも保障することもできないキリストの平和に生きる者として、和解の福音を伝え続け、平和のために祈り、この世に真の平和をもたらすあらゆる働きに参与します。

イエス・キリストにおいて実現した神の平和は、しかし、未だ完成には至っていません。これが聖書の教えであり、わたしたちの認識です。実際、イエスの弟子たちは、ローマ帝国という巨大な軍事国家の中に生きていました。神が備えた社会秩序の恩恵に守られながら、なおもそこに潜む数々の矛盾の中で生きることは、必ずしも容易なことではありませんでした。暴力が支配する社会の中で戦わないで生きること（マタ26・52、ヨハ18・36、マコ13・14など）、十字架の弱さの福音に生きることは、この世では理解しがたいことであったでしょう（一コリ2・6－8）。

それでもキリスト者たちは、決してこの世が与えることのできない神の平和に生きることを喜びとし、これを宣べ伝え、神の国の到来を祈り、「平和を実現する者」（マタ5・9）として歩み続けました。この世の剣は取りませんでしたが、霊の剣を取って戦い、キリストによってもたらされる究極の勝利を確信して生きたのです（ヨハ16・33、コロ2・15、エフェ6・10－18、一コリ15・24－27など）。

「平和宣言」は、聖書が教える「平和の福音に生きる教会」が、この腐敗した世界に今なお潜むあらゆる敵意と争いを決して暴力に頼ることなく乗り越える働きに、世の終わりに至るまで参与し続けるという、果てしなく大きなチャレンジを告白するものなのです。


（吉田隆）

（1）「平和を願う者は、戦争の準備をせねばならない」という格言がある（四世紀の軍事学者ウェゲティウスによる？）

「平和宣言」第2項「戦争と平和と国家」

「宣言」第2項では、キリストの十字架によって実現した「神の平和」に堅く立ちつつ、この世に真の平和をもたらすキリストの働きに、教会がどのように参与して生きるのかが告白されます。とりわけ、この項では、いかなる戦争も神の前に罪を免れることができないことを直視し、過去において教会が戦争へと加担してきた罪の現実にも向き合っています。また、その反省の上に立って、今も絶えない戦争の現実、また、人々を戦争へと駆り立てる様々な力に対して、わたしたちがどのように向き合い、平和の実現のために働くことができるのか。また、いかに、戦争を強制する国家的力に対して抵抗して生きるのかが告白されます。

1　この世の平和への責任

神の平和とこの世の平和を同一視することはできませんが、両者を切り離すこともできません。この世界は、神のものだからです。

「宣言」が第1項「神の平和と世界の平和」で述べているように、神の平和とこの世の平和は同じではありませんが、神の平和こそが、この世界に真の和解と祝福をもたらします。なぜなら、この世界は神が創造なさった世界であり、神のものであるからです。そして、神は神にかたどって創造された人間に対して、「産めよ、増えよ、地に満ちて地を従わせよ」（創1・28）と命じ、「人がそこを耕し、守るように」（創2・15）されました。人間には神が創造なさったこの世界を正しく守り、管理していく責任と使命があります。それゆえ、神が教会にお与えになった「平和の福音」は、単に個人の魂に平和を回復させるだけではなく、神が創造なさったこの世界に真の正義と平和を回復させる福音なのです。そして、「平和の福音」に生きる教会には、この世界における平和の実現のために、積極的に責任を果たして生きる使命が与えられています。

2　いかなる戦争も神の前に罪である

罪と悲惨の絶えない人間世界には暴力が満ちています。とりわけ、多くの国民を巻き込む戦争や紛争やテロリズムなどによって、いつの時代にも数知れない人々が犠牲となり、それに巻き込まれた人々の心の傷も消え去ることがありません。この世においては、いかなる戦争も、神の前に罪を免れることはできないのです。

人間は神にかたどり、神に似せて創造されています（創1・26、27）。それゆえ、神は人間が人間を殺すことを厳しく禁じられました（創9・5、6、出20・13、マタ5・21）。神が人間に命じておられることは殺すことではなく、神である主を愛することと、隣人を自分のように愛することです（マタ22・37－39）。それゆえ、いかなる理由があろうと、人間と人間が互いに殺し合う戦争や、テロリズムなどの暴力は、神の前に罪であることを「宣言」は明確に語ります。教会は、すべての戦争や暴力が罪であり、戦争に正義はないことをしっかりと世に語る責任があります。

3　戦争を正当化してはならない

聖書における古代世界の戦争記述を通して、神が究極的に教えようとしておられることは、「剣を取る者は皆、剣で滅びる」（マタ26・52）という真理であり、御自分の民が武力ではなく主に信頼するようになることです。キリスト教の歴史におけるいわゆる「正しい戦争」または「合法的戦争」も、本来、戦争を抑止し正義と平和を維持するための最終手段として容認されたものであり、ましてや神の名の下に戦争を積極的に推進させる「聖なる戦争」の主張は根本的な誤りです。それゆえ、主の教会は、戦争を紛争の解決手段として正当化すべきではなく、まして大量殺戮兵器を用いる現代の戦争を肯定することはできません。

ここでは、改革派教会も含め、歴史において主流派キリスト教会が、「正しい戦争」の名の下に国家の戦争に加担してきたことへの反省が込められています。改革派教会は、国家には国民の福祉を増進し不正を抑制し、悪を行うものを罰する権能（剣の権能）が委託されていると考えるため、再洗礼派やクエーカーの人々のような〝絶対平和主義〟の立場を取って来ませんでした。

古代教会の戦争と平和の問題に対する倫理的立場は、三一三年のミラノ勅令によるローマ帝国におけるキリスト教公認以前と公認以後に大きな違いがあります。公認以前の教会の立場は基本的には平和主義（非戦論）でした。例えば、オリゲネス、テルトゥリアヌス、クレメンス、ラクタンティウスといった古代教父はキリスト者が軍務に服することや戦争を行なうことに対して否定的でした。そのため、当時キリスト教を激しく攻撃していたケルソスはキリスト教徒の軍役拒否を厳しく攻撃し、「みんなが君たちのような行動をとるとしたら、君主が孤立無援となることを妨げるものは何一つなくなり、帝国の権力は最も野蛮無法な蛮族の手中に帰するであろう[1]」と非難しました。しかし、キリスト教がローマ帝国に公認されて以降、教会は平和主義の立場を徐々に捨て、国家の行なう戦争に対して、正義の戦争という大義名分を与え、戦争に加担して行くことになります。

ただ、「正戦論」を主張したアウグスチヌスにせよ、キリスト教史におけるいわゆる「正しい戦争」や「合法的戦争」のそもそもの趣旨は、為政者が恣意的に戦争をすることを防ぐためであり、「戦争を抑止し正義と平和を維持するための最終手段として容認されたもの」です。例えば、十七世紀に作られた『ウェストミンスター信仰告白』23章2節の

「新約の下にある今日も、公正で、やむを得ない場合に、戦争を行うことは、合法的でゆるされる」との記述も、戦争を安易に肯定するものではなく、国家的為政者が、各国の健全な法律に従って平和と秩序を保持するためにやむを得ない場合の手段として許容しているものです。(2)「宣言」は、そうした事実を踏まえています。したがって、弱い立場の国や人々が、自らの命や自由を守るために、強国による軍事的暴力に対して抵抗し、戦うことがすべて否定されるわけではありません。

とは言え、「宣言」は、今日において、伝統的な「正しい戦争」論の立場を無条件に認めているのでもありません。過去においても、また現代においても、「正しい戦争」「合法的戦争」の主張が、国家の戦争行為や侵略戦争を正当化するために悪用されてきた事実があります。それゆえ、「宣言」は、「主の教会は、戦争を紛争の解決手段として正当化すべきではなく、まして大量殺戮兵器を用いる現代の戦争を肯定することはできません」と語ることによって、従来の「正しい戦争」論を乗り越えようとしています。大量殺戮の核兵器が存在する現代において、もはや教会は、どのような戦争であっても、それを「正義の戦争」や「聖なる戦争」であると言って、正当化したり、大義名分を与えたりするようなことがあってはならないのです。

4　平和の道と、大量殺戮兵器の廃絶を訴える

わたしたちは、敵をつくり出し平和問題を軍事的安全保障の問題に置き換えようとする国家的為政者やマスメディアに欺かれることなく、神のかたちに創造されたすべての人間の命を守ることこそが平和の道であると訴えます。それゆえ、戦争を回避して国々の間に平和をつくり出すあらゆる非軍事的な働きには積極的に協力し、とりわけ、核兵器による惨禍を経験した唯一の被爆国にある教会として、核兵器を含むあらゆる大量殺戮兵器の廃絶を訴えます。

今日の緊迫する国際情勢、特に東アジアにおける中国の軍事力拡大と米中関係の対立を背景に、為政者やマスメディアの一部には、日米の軍事同盟の強化、〝敵基地攻撃能力〟の保有、軍事予算倍増など、軍事力の強化が必要であるという〝軍事的安全保障論〟が台頭しているのみならず、すでに実行に移されつつあります。そこには当然、憲法改悪の主張も見られます。しかし、他国に対する不信感と敵意を前提にした〝軍事的安全保障論〟は、際限のない軍拡競争へと人々を駆り立て、平和ではなく、ますます敵対関係を生み出

します。また、核兵器が存在する現代において、軍拡競争の行きつく先は核戦争による世界の滅亡です。

キリストの平和は、敵意という隔ての壁を取り壊すことによって実現しました（エフェ2・14）。真の平和は、相手に対する敵意や不信感を前提とした軍事的安全保障によってではなく、相手に対する愛と信頼から生まれます。それゆえ、「平和の福音」に生きる教会は、平和の問題を軍事的安全保障の問題に置き換えようとする世の力に欺かれることなく、「剣をさやに納めなさい。剣を取る者は皆、剣で滅びる」（マタ26・52）という主イエスのメッセージに立ち、武力では決して平和をつくることはできない、と訴え続けなければなりません。

日本は戦後、侵略戦争への反省の上に日本国憲法前文にあるように、「平和を愛する諸国民の公正と信義に信頼して、われらの安全と生存を保持しようと決意」しました。また、第九条によって、「国権の発動たる戦争と武力の行使は、国際紛争を解決する手段としては、永久にこれを放棄する」こと、「陸海空軍その他の戦力はこれを保持しない」と決意しました。こうした日本国憲法の平和主義の理念は、聖書にある神の平和と同じではありません。しかし、そこには、「剣を打ち直して鋤とし、槍を打ち直して鎌とする。国は国に向かって剣を上げず、もはや戦うことを学ばない」（イザ2・4）という聖書の終末的平和のビジョンと共通する点があることも事実です。また、日本国憲法前文が語るように、日本国憲法の戦争放棄と平和主義の根底には、他者への信頼に基づいて生きるという決意があり、そこには、山上の説教におけるイエスの愛敵の教え（マタイ5・41）との共通性があります。というのも、イエスの愛敵の教えは、敵を愛することを通して、「敵－味方」の関係そのものを克服しようと決意するものであり、そこには、愛によって敵対者の行動の変革が引き起こされることへの期待と信頼があるからです。(3) したがって、日本国憲法の平和主義は、聖書の教えに適うものであり、すべての軍備と戦争が放棄される終末論的神の国の平和の方向性と共通性を有すると言えます。

それゆえ、平和宣言の序文が語るように、私たちは日本国憲法の平和主義と戦争放棄の理念が「戦後日本の出発点であり、日本国民が何度も立ち戻るべき原点」であることを絶えず確認し、憲法改悪や軍事大国化への動きに対してしっかりと見張り、抗議していく責任があります。また、国家を超えた草の根から平和をつくり出すためのあらゆる非軍事的な働きに積極的に協力していくこと、とりわけ、唯一の戦争被爆国である日本の教会として、核兵器禁止条約の批准を日本政府に要請するなど、核兵器の廃絶に向けてのメッセージを積極的に発信していくことも求められます。それが平和への道を備えることになるからです。

5　国家的為政者への祈りと抵抗、良心的兵役拒否の人々との連帯

この世における平和は、確かに暫定的なものです。それにもかかわらず、わたしたちは、国家的為政者が、世界の平和と正義の実現のためにキリストから委ねられている権能を正しく行使できるようにと祈ります。しかし、彼らが自己の権力を絶対化し、キリストからの権能を濫用し、それによって人々の命と人権が脅かされる時には、毅然として主の御心を宣言して抗議します。さらに、聖霊が促す時には、人に従うよりは神に従うために国家的強制に抵抗し、徴兵制が実施されるような場合には、良心のゆえに兵役を拒否する人々と連帯します。

わたしたちは、国家的為政者がキリストから託された権能を正しく用い、戦争ではなく平和こそ実現していくことができるように執り成し、祈ります。しかし、歴史を見た時、

戦争へと向かう国家は、権能を濫用し、人々を戦争に協力させるため、基本的人権を侵害し、命を奪います。例えば、日本の国が戦前・戦時下において治安維持法によって行った甚だしい人権抑圧を見るならば、そのことがよく分かります。こうした、国家的為政者による権力の濫用、思想・良心の自由に対する統制は、国家権力の絶対化、全体主義化であり、教会がそれに対して公に抗議すること、またキリスト者がそのような権力に抵抗することは、主から求められている義務です。「宣言」はそのことを再確認しています。

また、ここでの「宣言」の重要な主張は、〝良心的兵役拒否〟(conscientious objection) の権利を擁護している点です。〝良心的兵役拒否〟とは、信仰上の理由や、思想的・政治的な信条から、兵役につくことや、兵役に応じても戦闘業務につくことを拒否することです。キリスト教の歴史では、ローマ帝国によるキリスト教公認以前のキリスト者や、宗教改革以降は〝絶対平和主義〟の立場の再洗礼派、クエーカー、ソッツィーニ主義の人々が〝良心的兵役拒否〟の立場を取ってきました(4)。かつて良心的兵役拒否者は、国家によって様々な弾圧を受け、死刑になることもありました。しかし、第二次世界大戦後、欧米において〝良心的兵役拒否〟は、基本的人権として認知されるようになってきました(5)。ただ、歴史的には〝絶対平和主義〟の人々を中心に訴えられてきた〝良心的兵役拒否〟の主張と権利を、改革派教会の「宣言」が明記し、彼らと連帯することを告白した意義はとても大きいと言えます。

戦争を放棄した今の日本には、徴兵制はありません。しかし、近年の政治の右傾化、解釈改憲によって集団的自衛権の行使を容認した安保法制の強行、敵基地攻撃能力保持などの軍事化の動きが強まっている中で、憲法改悪、何より実際の戦争が始まる危険性は現実味を帯びてきています。さらに、二〇二四年一月九日、陸上自衛隊の陸幕副長ら陸自幹部が、公用車を利用して靖国神社に集団参拝しました。翌日一〇日には、陸上自衛隊宮古島駐屯地の警備隊長をはじめ約二〇人の自衛隊員が宮古島市平良西里に所在する宮古神社に集団参拝しました。陸上自衛隊だけではありません。二〇二三年五月一七日、海上自衛隊の司令官をはじめ、練習艦隊の実習幹部ら一六五人が制服姿で靖国神社に集団参拝したことも明らかになりました。こうした行為は憲法の政教分離原則（憲法第20条）に違反しますが、戦前、軍隊の神社であった靖国神社に旧軍意識をもった自衛隊が集団参拝を繰り返している事実からも、私たちは今がまさに「新しい戦前」「新たな戦争の時代」にあることを思い知らされます。

わたしたちの教会は、第二次安倍政権が歴代の内閣が違憲であるとしてきた集団的自衛権行使を閣議決定のみで合憲であると解釈変更し、集団的自衛権行使を容認する〝安保法制〟を強行採決した時に、大会で抗議声明を決議し、反対の声を上げました[6]。今後、憲法改悪をはじめ、戦争国家への様々な動きに対しても、教会は見張りの務めを果たし、反対の声を上げていく責任があります。わたしたちは、なし崩し的に戦争へと向かう力に抵抗し、国家的強制によって個人の良心の自由を侵害し、人々を戦争へと動員する徴兵制の導入に反対すること、徴兵制が強行されるような場合でも、〝良心的兵役拒否〟の権利を擁護し、兵役拒否をする人々と連帯して、あくまでも非暴力による「平和の福音に生きる」ことを「宣言」は告白するのです。

（1）ベイントン『戦争・平和・キリスト者』（新教出版社、一九六三年）、八四頁。古代教会の平和主義については、同書の第五章「古代教会の平和主義」、八一－一〇六頁を参照。ケルソスの批判と古代教父オリゲネスの弁論は、オリゲネス『ケルソス駁論』Ⅷ、六八－六九頁。また、古代教会の平和主義「非戦論」が「正戦論」へと移っていく過程については、吉田隆「平和を実現する人々―古代教会における戦争と平和―」『改革派神学』第四五号（神戸改革派神学校、二〇一九年）を参照。

（2）ウェストミンスター信仰告白23章における「合法的戦争」の理解に関しては、袴田康裕「ウェストミンスター信仰告白における合法的戦争」『平和をつくる教会―使命と課題―』リフォームド・パンフレット12（神戸改革派神学校、二〇二二年）参照。

（3）宮田光雄『山上の説教から憲法九条へ』（新教出版社、二〇一七年）、三六－四五頁。

（4）再洗礼派の主張と、その系譜に連なる、今日の非戦論、絶対平和主義の立場については、榊原巌『良心的反戦論者のアナバプティスト的系譜』（平凡社、一九七四年）を参照。また、日本キリスト教史における良心的兵役拒否の主張と実践については、木下裕也「日本キリスト教史における絶対平和主義」『平和をつくる教会―使命と課題―』リフォームド・パンフレット12（神戸改革派神学校、二〇二二年）を参照。また、キリスト教精神史において兵役拒否の問題を扱った論文としては、宮田光雄「兵役拒否のキリスト教精神史」『山上の説教から憲法九条へ――平和構築のキリスト教倫理』（新教出版社、二〇一七年）、八八－一五四頁参照。

（5）ＥＵにおいては、欧州憲法 第Ⅱ－70［Ⅱ－10］条［思想、良心および信教の自由］の2で、「良心的兵役拒否の権利は、その権利の行使を規律する各国法に従って認められる」と規定されるなど、基本的人権として認知され、推奨されている。衆議院憲法調査会事務局「欧州憲法条約―解説及び翻訳―」（二〇〇四年九月）、八七頁。

（6）「集団的自衛権行使容認の閣議決定に対する抗議声明」（二〇一四年、第六九回定期大会）、「『安保関連法案』の強行採決への抗議と同法制の廃止を求める声明」（二〇一五年、第七〇回定期大会）。

（弓矢健児）

「平和宣言」第3項「平和と正義と愛の業」

「主は平和を宣言されます
御自分の民に、主の慈しみに生きる人々に
彼らが愚かなふるまいに戻らないように…。
慈しみとまことは出会い
正義と平和は口づけし
まことは地から萌えいで
正義は天から注がれます」（詩85・9、11－12）

1　平和と正義

神の平和と正義と慈しみは、切り離すことができません。イスラエルを苦難と抑圧から解放された神の律法は、ご自分の民が正義と慈しみに生きることを求めます。旧約預言者たちが、正義と慈しみの欠如した社会を平和なき社会として厳しく批判したように、平和の福音に生きる教会もまた人間社会が生み出す不正義に無関心ではいられません。「正義を洪水のように 恵みの業を大河のように 尽きることなく流れさせる」のが、主の御心だからです（アモ5・24）

「平和宣言」第3項では、平和と正義との関連が論じられます。冒頭に記されている詩編85編9節と11節に示されているように、主御自身が平和を宣言されていること、神の平和と正義を切り離すことはできないことを「宣言」は明示します。

出エジプト記に示されている平和と正義の神は、四百年以上のエジプト滞在においてイスラエルの民が奴隷状態にあることを憐れまれました。そして、モーセを指導者として、イスラエルの民を苦難と抑圧から解放されました。「わたしは主、あなたの神、あなたをエジプトの国、奴隷の家から導き出した神である」（出20・2）と語られる主なる神は十戒などの「律法」をイスラエルの民に与え、「正義と慈しみに生きること」を求めました。

しかし、イスラエルの民は神の愛とエジプトからの解放の恵みをしばしば忘れ、富める者が貧しい者を虐げるなど「正義と慈しみの欠如した社会」となる場合もありました。そのような社会を「平和なき社会として厳しく批判した」預言者の一人として、「宣言」はアモスを挙げています。預言者アモスはイスラエル社会の構造そのものに根差した罪を指摘し[18]、「正義を洪水のように　恵みの業を大河のように　尽きることなく流れさせよ」（アモ5・24）と語りました。ここに、アモスなど旧約聖書の預言者たちによる正義と公正に基づく平等社会観を見ることができます。

平和学において、戦争のない状態を〝消極的平和〟、貧困・抑圧・差別などの構造的暴力がない状態を〝積極的平和〟と捉えますが、旧約預言者たちは平和学が言うところの〝積極的平和〟観を持っていたと言えるでしょう。つまり、表面的な争いのない状態だけを平和と見なさず、社会における弱き者・貧しい者が虐げられるような社会的不正義に対して無批判的に追従する者も平和への脅威となる、という視点を持ち合わせていたと言えましょう。そして、「宣言」は、旧約聖書預言者たちと同様、「平和のうちに生きる教会もまた人間社会が生み出す不正義に無関心ではいられません」と述べるのです。

2　正義と公正と愛の業（ディアコニア）

正義の神は、何よりそのような社会の犠牲になっている人々を憐れむ愛の神でもあります。人間の罪の悲惨を担われたイエス・キリストにある愛の業（ディアコニア）こそ、この世における神の平和の具体的な現れです。真の平和は力による支配ではなく、正義と公正と隣人愛によってこそつくり出されるからです。キリストに愛されたわたしたちは、この世に満ちる差別・暴力・不正の犠牲者に寄り添い、不安と恐れの中にいる人々の隣人となることを選び取ります。また、加害者の責任を問いつつも自ら罪人であることを忘れずにへりくだり、赦しの愛によって平和をつくる道を模索します。キリストの十字架を掲げる教会は、もはや敵意と憎悪に生きることができないからです。

「宣言」は、正義の神が社会の犠牲者を憐れむ愛の神であり、イエス・キリストにある愛の業（ディアコニア）がこの世における神の平和の具体的な現れであることを強調します。「人の子は仕えられるためではなく仕えるために、また多くの人の身代金として自分の命を献げるために来たのである」（マコ10・45）との御言葉に示されているように、イエスこそ真の愛のディアコノス（奉仕者）として奉仕の模範を示してくださいました。

「ディアコニア」とはギリシア語で〝奉仕〟を意味する言葉です。もともとは〝食卓に給仕として仕えること〟を意味し、そこから派生して、隣人の必要に応じて具体的に助ける愛の奉仕、隣人愛の実践を指し示す言葉として広く用いられるようになっています。主イエス御自身が病に苦しんでいる人々を癒し、社会の中で虐げられている者、弱い立場に置かれている者に愛の手を差し伸べて仕える者となり、その愛の奉仕を通して神の国の福音を宣べ伝えられました。主イエスは、愛の業（ディアコニア）によって神の平和を示されたのです。それゆえ、平和の福音に生きるわたしたちもまた、愛の業（ディアコニア）によって平和を構築するのです。

「真の平和は力による支配ではなく、正義と公正と隣人愛によって」構築されます。軍事力の増強による安全保障に重きが置かれている政治状況のなか、「正義と公正と隣人愛」による平和を構築することが重要です。戦争は、最大の人権侵害だからです。

また、わたしたちは神に愛されているがゆえに、隣人を愛し、「この世に満ちる差別・暴力・不正の犠牲者に寄り添い、不安と恐れの中にいる人々の隣人となることを選び取ります」。隣人愛の実践には、社会における差別と暴力と不正を見抜く視点が欠かせません。隣人、とりわけ社会の犠牲者となっている人々の隣人となって主体的に愛を示すことが今求められています。

平和の福音に生きる教会、そしてわたしたちは、差別や暴力や不正に加担する加害の罪を見過ごしにすることは致しません。加害の罪を見過ごしにすることは正義と公正に反するからです。しかしながら、わたしたちもまた罪ある存在であり、社会の「構造的暴力」に時に加担してしまうことがあることも自覚しなければなりません。それゆえ「宣言」はこう言います。「加害者の責任を問いつつも自ら罪人であることを忘れずにへりくだり、赦しの愛によって平和をつくる道を模索します」。

加害者に刑罰が加えられることで正義を果たす「応報的正義」（retributive justice）と区別される正義の概念として、今日注目されているのが「修復的正義（司法）」（restorative justice）という考え方です。これは、加害者と被害者との関係の修復に重きが置かれる法概念です。例えば、「アパルトヘイト」（人種隔離）政策廃止後の南アフリカにおいて、分断された社会の和解の促進と人権侵害という不正義の究明のために「真実和解委員会」が設置されました。そこで採用されたのが「修復的正義（司法）」という考え方でした。この試みは紛争解決のモデルとして世界中の紛争終結国（例えば、東ティモール、ペルー、シエラレオネ、リベリアなど）から注目と関心を集めることとなりました。この修復的正義の考え方こそ、聖書における平和と正義の概念に基づくものなのです。(1)

3　環境を巡る平和と正義

わたしたちにはまた、神の被造世界における平和と正義を希求し、これをよく治める責任（スチュワードシップ）が委ねられています。それゆえ、すべての人間の命を脅かす生態系の破壊や原子力発電所問題など、環境を巡る平和と正義にも関心を持ち続け、被造物の保全と回復のために努力します。

科学技術の飛躍的な進歩は、それに伴う経済発展や開発など人類に多くの恩恵をもたらし、人類が快適なライフスタイルを送ることを可能にさせました。しかしその反面、快適なライフスタイルは飽くなき消費主義とも結びついています。大量生産と大量消費に象徴される経済システムは、世界人口の増加と相まって、地球の有限な天然資源の大量消費とそれゆえの天然資源の枯渇という問題を引き起こしています。ひいては地球規模での生態系の危機を招来し、環境破壊と環境保全の問題は今や喫緊のグローバルな課題となっています。

例えば、大量消費の前提となる大量生産は二酸化炭素などの多くの温室効果ガスを排出し、それが地球温暖化の主要因となり、地球温暖化と急速な気候変動が豪雨や猛暑、干ばつなど深刻な災害を各地で引き起こしています。地球規模での気候変動はまた、農林水産業など一次産業で生計を立てている特に貧しい人々の生活に時に深刻な直接的影響を及ぼし、水質汚染や大気汚染など環境汚染の問題とともに、人間の生存が脅かされる人権の問題や貧困や格差といった社会問題ともなっています。

以上のような深刻化する地球環境問題を背景に、二〇一五年の国連サミットで採択された「持続可能な開発目標」(Sustainable Development Goals。いわゆるSDGs)には、持続可能なエネルギーや持続可能な生産と消費の実現、安全な水へのアクセス、海洋や海洋資源の保全、陸の生態系の保護、生物多様性の保全、気候変動への対応などの環境問題も十七の目標の中に含まれており、二〇三〇年までの達成が目指されています。

このような生態系の危機の時代にあって、「宣言」は、神の被造世界に対するわたしたちの責任と保全の問題もまた平和と正義の問題であることを明示します。人間は、神の被造世界の正しい管理を委ねられた〝地の管理者〟（スチュワード）です。創世記1章26－28節にはこう記されています。「神は言われた。『我々にかたどり、我々に似せて、人を造ろう。そして海の魚、空の鳥、家畜、地の獣、地を這うものすべてを支配させよう。』神は御自分にかたどって人を創造された。神にかたどって創造された。男と女に創造された。神は彼らを祝福して言われた。『産めよ、増えよ、地に満ちて地を従わせよ。海の魚、空の鳥、地の上を這う生き物をすべて支配せよ』」。26節「支配させよう」・28節「すべて支配せよ」との聖書の言葉は、人間による自然搾取を正当化するものとして解釈されるのではなく、被造世界を正しく治めるあるいは管理する固有の責任（スチュワードシップ）が委ねられているものと解釈されなければなりません。

グローバルな生態学的危機の時代にあって、被造世界に対する人間の責任主体意識を確立すること、そして〝地の管理者〟（スチュワード）としての人間の倫理的責任を明らかにすることが重要な課題となっています。聖書には、戦争においてすら、環境に配慮するように教えられているとおりです（中20・19参照）。

また、環境問題はエネルギー問題とも不可分です。例えば、東日本大震災による福島第一原子力発電所の原発事故以降、〝原発の安全神話〟が崩れ、〝クリーン・エネルギー〟としての原子力の是非が原発の再稼働の問題や核燃料の最終処分の在り方の問題などに伴って問われ続けています。そのような状況にあって、原発問題は科学技術の問題だけではなく、地球環境および将来世代に対する倫理的責任の問題としても捉えられなければなりません。

（1）この点については修復的正義（司法）の古典ともいえるハワード・ゼア（西村春夫・細井洋子・高橋則夫監訳）『修復的司法とは何か――応報から関係修復へ』新泉社、二〇〇三年を参照。

（豊川慎）

「平和宣言」第４項「平和のための協働と連帯」

「できれば、せめてあなたがたは、すべての人と平和に暮らしなさい」（ロマ12・18）
「あなたの子らは皆、主について教えを受け、あなたの子らには平和が豊かにある」（イザ54・13）

主イエス・キリストにある愛の交わりが、神の平和の礎です。わたしたちは平和をつくり出すために、民族や国境を超え、教派を超えて、すべてのキリスト者と協働し連帯します。キリストにある神の子らの一致こそ、この世における最も鮮やかな神の平和の証だからです。

1　協働と連帯

「平和宣言」第4項は、平和を構築するために教派を超えた協働と連帯が必要であることを強調します。わたしたちは「主イエス・キリストにある愛の交わりが、神の平和の礎」であると確信します。それゆえに、民族、国境、そして教派を超えた主にある兄弟姉妹との愛の交わりを重んじ、平和構築のために協働し連帯するのです。

「キリストにある神の子らの一致こそ、この世におけるもっとも鮮やかな神の平和の証だからです」とあるように、神の平和を証しする教会として主にある一致を重んじます。これは必ずしも目に見える教会の一致というういわゆるエキュメニカル運動の推進を目指すという意味ではありませんが、世界の改革派・長老派や福音主義諸教会をはじめ、世界教会協議会（WCC）や日本基督教協議会（NCC）や「キリスト者平和ネット」など、教派を超えた平和構築に向けた協働と連帯を進め、その連帯の輪の広がりに教会も個々人も連なっていくことが大切であることを「宣言」は主張しています。

2　すべての人と共に

様々な矛盾に満ちた罪の世界に平和をつくり出すためには、忍耐と知恵、聖書に基づく信仰的洞察が必要です。わたしたちは、この世における平和と正義の実現のために、自らの確信を堅く保つと同時に、思想・信条・宗教・民族・人種・性など、あらゆる違いを超えてすべての人を尊び、謙遜に対話を重ね、個々人に与えられた務めと関係を通して共に働きます。すべての人と共に平和に生きることが、主の御心だからです。

平和構築のためには、「忍耐と知恵、聖書に基づく信仰的洞察」が必要です。聖書の真理に導かれ、聖書の知恵により頼んで信仰的な洞察を深め「この世における平和と正義の実現のために、自らの確信を固く保つ」のです。しかし、他方で、「自らの確信を固く保つ」ことが決して独善的とならないよう、平和と正義の実現のため他者に開かれた姿勢が重要です。「宣言」はこう続けます。「思想・信条・宗教・民族・人種・性など、あらゆる違いを超えてすべての人を尊び、謙遜に対話を重ね、個々人に与えられた務めと関係を通して共に働きます。すべての人と共に平和に生きることが、主の御心だからです」と。様々な相違ゆえに争いや対立が生じている現代社会にあって、神の創造の豊かさと多様性をあらためて認識すること、そして他者理解、他宗教理解、そして宗教間対話が平和裏な共存共生のために今こそ不可欠ではないでしょうか。

3　平和教育

この世における平和はまた、絶えずつくり続けなければ失われます。それゆえ、過去の過ちから学んで未来を切り拓く次世代への平和教育は、教会の重要な責任と課題です。わたしたちは、次世代の若者たちと共に神の平和を喜び、教会と家庭と社会において共に学び・語り・労する具体的プログラムを通して、平和を実現する人々を育てます。

「宣言」は「過去の過ちから学んで未来を切り拓く次世代への平和教育は、教会の重要な責任と課題です」と述べ、教会の責任と課題としての平和教育の重要性を強調します。

わたしたち改革派教会においては、伝統的に〝教育的伝道〟が重んじられ、とりわけ教理教育に力が注がれてきました。〝教育的伝道〟への熱心を保持しつつ、キリスト教に基づく平和教育も教会の責任であり課題であるとの認識が大切です。では、どのような平和教育が教会において今日求められているのでしょうか。教会における平和教育を考えるにあたって、まず平和教育とは何かということを平和学における課題を概観することで確認したいと思います。

『現代教育史辞典』（東京書籍、二〇〇一年）は、「平和教育」を「平和の創造を目的とする教育」と定義しています。では、その〝平和の創造を目的とする教育〟は、とりわけ戦後において何を主眼としてなされてきたのでしょうか。戦後の平和教育の柱となってきたのは、やはり日本国憲法と教育基本法です。憲法前文には「日本国民は、恒久の平和を念願し（略）平和を愛する諸国民の公正と正義に信頼して、われらの安全と生存を保持しようと決意した」と記され、憲法九条の平和主義の意義も強調されてきました。また一九四七年の教育基本法には「真理と平和を希求する人間の育成」がうたわれ、「根本には教育の力にまつべきもの」と記されているとおり、教育基本法の教育理念も平和教育にとって重要な源泉となってきました。

戦後から一九八〇年代までの平和教育は、戦争の悲惨さを学ぶことに主眼が置かれてきたと言えます。戦争を直接知る世代も多かったがゆえに、〝二度と教え子を戦場に送らない〟ということが強調されてきました。他方で、八〇年代以降になると、近隣国に対する日本の過去の加害行為の責任性の学習も平和教育の課題になってきました。さらに、平和学の父といわれたヨハン・ガルトゥングの〝直接的暴力〟と〝構造的暴力〟という概念が平和教育においても用いられるようになりました。

〝直接的暴力〟である戦争の問題を取り上げる平和教育を〝狭義の平和教育〟と呼び、貧困・差別・環境問題などの〝構造的暴力〟の問題をも取り上げる平和教育を〝広義の平和教育〟と呼ぶようになります。後者を〝包括的平和教育〟と呼ぶ平和教育学者もいます。[1] こうして、〝狭義の平和教育〟に加えて、〝構造的暴力〟にも取り組む〝広義の平和教育〟の重要性が、平和学の展開と相まって強調されるようになってきたのです。

二〇一〇年に刊行された『オクスフォード平和学辞典（*The Oxford International Encyclopedia of Peace*）』では、平和学の知見を踏まえて平和教育を次のように説明しています。「平和教育とは、文化的・社会的・宗教的信念と慣習、あるいは政治的・経済的・イデオロギー的制度と慣行を助長し維持する手段として用いられる多様な暴力形態、つまり物理的暴力・構造的暴力・制度的暴力・文化的暴力を理解し減少させる試みを学ぶことである」。ガルトゥングの暴力概念を用いて説明されるこの平和教育の定義は示唆に富むものではありますが、この定義に加えて、宗教が平和を創り出す原動力になり得るということも平和教育を考える上で考慮すべきでしょう。つまり、宗教が平和を阻む一因となる現実を認めつつも、宗教がまた平和構築において重要な役割を果たし得ることも理解される必要があるということです。

この点において、平和教育における宗教教育が重要な要素になってきますが、日本の戦後教育においては宗教教育が欠如していました。憲法20条３項「国及びその機関は宗教教育その他いかなる宗教活動もしてはならない」とありますので、公教育において宗教を適切に学ぶ機会がほとんどありません。しかしながら、宗教に起因する紛争や争いがグローバルな課題であると同時に、逆に宗教が平和構築に寄与しうることを考えると、平和教育における宗教知識（宗教リテラシー）は不可欠となります。ここに、キリスト教平和教育の知見が教会のみならず社会においても求められるべき理由があるのではないでしょうか。

新渡戸稲造（一八六二―一九三三年）は、かつてイギリスの歴史家トマス・カーライルの言葉を用いながら「to know（知ること）」よりも「to do（実行すること）」、そして「to do」

よりも「to be（どのような者であるか）」が大切であることを説きました。このことは、教会における平和教育を考える上で示唆に富むものです。平和について「知る」（to know）という知識教育は当然大切です。平和とは何か、人間の罪に起因する暴力の本質とは何か、聖書における平和の意味とは何かなどの知識教育の重要性です。改革派教会においてこれまで重んじられてきた教理教育においても平和や正義の意味を現代社会の文脈において問い直していくことも必要でしょう。他方で、平和に関する知識教育にとどまらず、平和を実際に実現していくこと（to do）に向けた教育が重要になります。さらには、平和を実現する者としての自分自身の主体的な在り方自体（to be）が平和教育では問われているのです。

「宣言」は、平和教育の具体的プログラムについて次のように言及しています。「わたしたちは、次世代の若者たちと共に神の平和を喜び、教会と家庭と社会において共に学び・語り・労する具体的プログラムを通して、平和を実現する人々を育てます」。日本キリスト改革派教会は「平和宣言」採択と同時に、「平和をつくるプロジェクト」も始めました。教会のあらゆるレベルで、平和構築に向けた学びや具体的プログラムの企画と実践が期待されます。韓国や南アフリカへの平和スタディ・ツアー、沖縄での沖縄戦や基地問題の学び、広島・長崎での核廃絶に向けた学び、福島の原発などへのフィールドワークなどは平和教育の具体的プログラムの一例となるでしょう。それらの実践的な学びを通して、次世代の「平和を実現する人々」を育てる責任が教会にあることを、「宣言」は強調しているのです。

（1）ベティ・リアドン、アリシア・カベスード（藤田秀雄・淺川和也監訳）『戦争をなくすための平和教育――「暴力の文化」から「平和の文化」へ』（明石書房、二〇〇五年）参照。

（豊川慎）

「平和宣言」第５項「終末における平和の希望と祈り」

「これらのことを話したのは、あなたがたがわたしによって平和を得るためである。あなたがたには世で苦難がある。しかし、勇気を出しなさい。わたしは既に世に勝っている」（ヨハ16・33）

これまで「宣言」は、この世界にある様々な現実の中で「神の平和」をつくり出す働きについて述べてきました。それは、きわめて困難な業であり、立ちふさがる現実の大きさのために時には絶望的になることさえあるかもしれません。事実、この世にあっては、世界的な核戦争などによる人類滅亡の危機を〝終末時計〟によって表したり、小説やアニメーションなどによって暗黒の未来社会が描かれたりすることもあります。

聖書もまた、そのような終末的世界の罪と悲惨の現実を決して無視しません（ヨハネの黙示録などは、新約聖書時代に流行していた〝黙示文学〟という特異な表現方法を用いて、終末的世界の悲惨を描いています)。しかし、信仰とは、そのような現実世界からの逃避ではありません。そうではなく、わたしたちはむしろ、わたしたちを取り囲む現実に対峙しつつ、それでもなお希望を捨てない。それは、人間に対する信頼を失っていないからではなく、この世界を創造し・救い・完成に至らしめる神に望みをおいているからです。

「宣言」の最後は、そのような終末に対する信仰を再び思い起こし、そこに至るまでのわたしたちの〝戦い〟とは何なのかを述べて、平和への祈りで締めくくられています。

1 完全な平和

終末において、神は完全な平和をこの世界にもたらされます。

主イエス・キリストが再臨なさり神の救いを完成なさる世の終わりにおいてのみ、「完全な平和」が神によってもたらされます。すでに第2項「神の平和と世界の平和」で学んだとおり、創造者である神が望まれた〝極めて良い〟世界の再創造と完成です。

この終末における被造世界の完成について、日本キリスト改革派教会創立六十周年記念宣言「終末の希望についての信仰の宣言」では、以下のように述べられています。

創造の回復と完成

最後の審判の日に、現在の天と地は過ぎ去り、万物は新しくされ、神の裁きによって罪と汚れから完全にきよめられた新しい天と地が現れ、神の国は栄光の王国として完成されます。被造物は、今や虚無と滅びへの隷属から解放され、回復され、完成に至り、神の栄光に満たされます。

新しい人類

新しい地には主を知る知識が満ち、正義が支配し、平和は大河のように流れ、国は国に向かって剣をあげず、もはや戦いはありません。あらゆる国民、種族、民族、言葉の違う民の中から数え切れないほどの大群衆が、神に仕えるために自分たちの栄光と誉れを携えて新しいエルサレムにやってきます。これはキリストによって贖われた契約の民、小羊の花嫁としての栄光の教会、栄光の神の子たち、キリストにある新しい人類です。この神の民は、世々限りなく主と共に統治します。

永遠の命

新しい人類であるわたしたちは、キリストにある神との交わりとしての永遠の命の完成にあずかります。神は自らわたしたちと共に住み、わたしたちの神となられます。わたしたちの涙はことごとくぬぐい去られ、もはや死も悲しみもありません。わたしたちは、完全にまた永遠に罪と悲惨から解放され、体と魂の両方において栄光化され、まったき安息が与えられます。わたしたちは、無数の聖徒たちと御使いたちとの交わりの中で、神の御顔を仰ぎ見、完全な知識と愛において永遠に神を礼拝し、考えも及ばない喜びに満たされて神の栄光をほめたたえます。

大切なことは、このような終末における「神の平和」の完成が、決して人間の業によってもたらされるのではないということです。神の世界に真の平和をつくり出すために、わたしたちが懸命に働き、また他の人々と連帯しながら、その実現を目指すことはイエス・キリストの教会の使命です。それにもかかわらず、究極の平和は、わたしたち人間の努力によってもたらされるものではありません。それはただ、神が良しとされる時に、良しとされる方法によって、神ご自身が完成に導くものです。

言い換えれば、現在の世界における平和は、どこまでも〝暫定的〟なものだということです（「平和宣言」第2項）。だからと言って、いい加減にしてよいということではありません。今現在のわたしたちの働きもまた、聖霊の力によってのみ為しうる、その意味では神の働きと言うことができるからです。しかし、「神の平和」が本来の意味で完成に至るのは、決して現在の人々の働きの延長上にあるのではなく、創造者のご意志とご計画によって言わば〝上から〟もたらされるものだということです。

2　罪の現実

その日に至るまで、わたしたちはなお自分自身とこの世界の罪の現実との戦いを避けることができません。

さて、この世界に神がお与えくださったはずの「平和（シャローム）」を破壊した根本原因は、人間の欲望と自己中心性（「平和宣言」第1項）でした。それはまさに神に対する「罪」の問題そのものであり、それこそが聖書が真正面から扱うこの世界の根本問題にほかなりません。この罪の現実は、人間の堕落以来、世界に存在し続け、信仰者の中にさえ

（救いの完成に至るまで）あり続けます。つまり、この罪という根本問題が解決されない限り、この世界には完全な「平和」は実現しないということです。

わたしたちは、この人間の罪がいかに悲惨な結果をもたらすことかを、人類史上何度も繰り返され現在も続いている戦争の現実から見て取ることができるでしょう。戦争への道は、多くの場合、貧困・抑圧・差別などの構造的暴力に現れる正義と愛が欠如した社会から始まります。それがある時、巨大な悪の力に飲み込まれるようにして戦争へと突き進む。そして、ひと度戦争が始まると、人間はもはや人間では無くなるほどの暴力性と残虐性を帯びてしまう。それが、戦争がわたしたちに突きつける、人間の罪の姿ではないでしょうか。

3　キリストにある勝利の確信

しかし、わたしたちの主はすでに勝利しておられます。わたしたちは、何よりもまず、自らの心の中にキリストの平和を築き、この平和を喜ぶ力によって憎しみや失望に打ち勝ち、決して諦めることなく平和の道を模索し続けます。

この罪の問題に、根本的な解決をもたらしてくださったのが、主イエス・キリストの救いなのでした。神の「平和」を知らなかったわたしたちが、キリストを通して、その「平和」に生きるようにされた。それが、神の救いの出来事です。わたしたちは、そこから始めたいと思うのです。イエス・キリストを思い起こすこと、主イエスによってもたらされた神の平和の喜びを味わうこと、そこからわたしたちは「平和をつくる」いっさいの営みを始めたいと願うのです（「平和宣言」第1項解説）。

平和をつくり出すという困難な働きや運動にたずさわっていると、知らず知らずのうちに、この世の力の前に身も心も擦り減って疲れてしまうことがあります。絶望的な思いにとらわれることさえあります。ですから、いつでも原点に立ち帰ることが必要です。この罪の力を今や主イエスは粉砕してくださり、わたしたちに自由の喜びを与えてくださったこと。罪の思いが生み出す敵意や憎しみ、失望や落胆からさえも、わたしたちは解放されているのだということ。その喜びをいつでも思い返すことです。

わたしたち信仰者は、自分自身とこの世界の罪の現実に対してどこまでも〝真剣に〟向きあわねばなりませんが、希望を忘れるほどに〝深刻に〟なってはいけません。何よりもわたしたち自身の心の中に、礼拝を通し信仰生活を通して、「平和（シャローム）」が保たれることとです。そうして、すでに勝利しておられる主にある平安と喜びの力をもって、心晴れやかにこの世へと出て行く。罪と悲惨の現実のただ中に、平和の小さな光を灯していくという働きを、決して諦めることなく模索し続けたいのです。

4　霊的戦いと祈り

この世の悪しき霊との戦いに神の武具を身に着けて立ち向かい、平和の主の到来を待ち望みつつ、心を高く上げて祈ります。

この世に「平和」をもたらすための戦いとは、究極的には霊的な戦いです。自分自身とこの世に渦巻く欲望と自己中心性という「悪しき霊」との戦いだからです。実際、戦争と暴力が支配する世界が悪魔的な力によることは、ヨハネの黙示録が描いているとおりです（例えば、16・14）。

ですから、この戦いのためには、人間の武器ではなく、「神の武具」を身に着けなければばなりません。それは、真理であり、正義であり、平和の福音であり、信仰です。神の言葉であり、祈りです（エフェ6・13以下）。

「平和宣言」は、わたしたち自身の悔い改めと平和への献身の思いを込めて、祈りをもって締めくくられます。時に、わたしたちは、祈ることしかできないかもしれません。しかし、それにもかかわらず、祈りこそが、平和をつくり出すための最も重要かつ力ある業の一つだ、と言うこともできましょう。なぜなら、最終的な「平和」の支配の完成は、ただ神によってのみもたらされるからです。

祈りの言葉の中に「あなたの平和の道具としてお用いください」というフレーズが出てきます。これは、十三世紀イタリア・アッシジで生きた聖フランシスコ（一一八二－一二二六年）に由来すると言われる、次のような祈りの冒頭の言葉を思い起こさせます。

主よ、わたしをあなたの平和の道具にしてください。
憎しみのある所に、愛を。
いさかいのある所に、ゆるしを。
分裂のある所に、一致を。

迷いのある所に、信仰を。
誤りのある所に、真理を。
絶望のある所に、希望を。
悲しみのある所に、喜びを。
闇のある所に、光をもたらすことができますように。（以下略）

フランシスコ自身の祈りかどうかはわかりませんが、今日、カトリック・プロテスタントを問わず広く用いられている祈りです。「平和宣言」第4項が語っているとおり、わたしたちがこの世界に平和をつくり出すためには、すべてのキリスト者が連帯することが必要です。それは、何よりも祈りにおける一致です。「キリストにある神の子らの一致こそ、この世における最も鮮やかな神の平和の証」だからです。

究極的な「平和」の完成は、「平和の君」の到来によって為し遂げられます。だからこそ、わたしたちは、困難な現実の中でも心を高く上げて、次のように祈るのです。

平和の君である主イエス・キリストの父なる神よ、

憎しみと争いの絶えない世にあって、
あなたが御子によってもたらしてくださった平和の道を、
わたしたちが生きて行くことができるように助けてください。

わたしたちの罪をきよめ、あなたの平和の道具としてお用いください。
言葉だけの平和に終わることのないように、
平和を実現するために必要な知恵と力を、聖霊によってお与えください。

あなたによって立てられた為政者たちが、
「剣を打ち直して鋤とし　槍を打ち直して鎌とする」*勇気を与えられ、
平和のために働くことができますように。

何よりも主ご自身が愛と正義と平和の御国を
速やかに来たらせてくださいますように。
主イエス・キリストの御名によって祈ります。アーメン。

＊イザ２・４、ミカ４・３。

（吉田隆）

おわりに――「平和宣言」の課題

この小さな書物を閉じるにあたり、「平和宣言」がわたしたちに残した課題について、短く記しておきたいと思います。

1 「平和」概念の豊かさと現実問題の複雑さ

「平和」を聖書の〝シャローム〟の概念を中心に理解することで、これまでともすれば相反するかのようにみなされてきた福音宣教と社会問題への取り組みや、多くの信徒たちが携わっている多様な社会的取り組みを統合的に理解する道が開かれました。他方で、しかし、この概念の豊かさは、「平和」が損なわれている現実世界の諸問題が実に複雑多岐にわたっていることをも明らかにしました。

たとえば、わたしたちの国における戦争と平和の問題に限っても、隠蔽されてきた戦時下の諸問題から今日なお困難な中にある在日コリアンや沖縄問題など、足を踏み入れるほどに複雑かつデリケートな問題が見えてきます。さらに、「構造的暴力」に関わる問題に至っては、これまでわたしたちが十分に理解することも取り組むこともできなかった、貧困や差別や環境破壊などの諸問題が山積しています。

そのように、これまで〝見えていなかったもの〟が見えるようにされたということが、「宣言」の一つの貢献かもしれません。そうであれば、わたしたちは、もはやここから引き返すことはできないとの思いを強くしています。

2　「平和をつくる」実践的課題

二つ目は、言うまでもなく、この「宣言」が促す実践的な課題です。

日本キリスト改革派教会は、この「宣言」を採択した際に、同時に「平和をつくるプロジェクト」についての提案も採択しました。それは、「宣言」を言葉だけで終わらせないために、今後3年間（二〇二六年の創立80周年の年まで）、様々なレベルでの学習会や学習ツアーやフィールドワークなど、多種多様な取り組みを（特に次世代の青少年たちに焦点をあてて）教会全体をあげて行うという提案です。もちろん、これは、３年間で終わらせてよいものではありません。むしろ、これをきっかけにして、わたしたちの教会のいわば〝体質改善〟をはかるきっかけにしたいと願ったものです。

より重要なことは、すでに「戦争の時代」に突入しているわたしたちが、教団・教派を超えて、この国と世界に「平和をつくる」ために協働する道を模索することです。度重なる災害経験の中で、今や全国や地域における超教派の災害支援ネットワークができつつあります。これは、本当にすばらしい恵みだと感謝しています。実際、これらの働きも大きな意味での「平和」形成の働きにほかならないでしょう。

そうであれば、わたしたち日本に置かれている教会が、今後、様々な形で「平和をつくる」ために協働することも可能なのではないでしょうか。日本の教会は、いずれも弱く無力かもしれませんが、それでも主の「平和」の完成の日に至るまで、祈りを合わせて、この世界にある困難な諸課題に取り組んで行きたく願うのです。

（吉田隆）

【資料】

教会と国家にかんする信仰の宣言

日本キリスト改革派創立三十周年記念宣言

序　文

私たち日本基督改革派教会は、創立三十周年にあたって、教会と国家にかんする信仰を内外に宣言し、教会のかしらなる主イエス・キリストのみ前に、悔い改めと新しい服従の道を歩むことを決意しました。

主は、三十年前、私たちの国に、みことばに忠実に従って生きる教会を形成しようと志す一群の人々を起こし、日本基督改革派教会を創立してくださいました。私たちは今、創立までにあった神の恵みと導きとを思い、さまざまの罪と弱さにもかかわらず、彼らを用いてみ栄えを表わされた神の恵みの選びを賛美し、あらゆる良い賜物の源である主イエス・キリストの父なる神に、言いつくせない賛美と感謝をささげるものであります。

創立にあたって指導的な役割を果たした教師たちが、戦時中、教会合同にさいし、旧日本基督教会内にあって「聖書の規範性、救いの恩恵性、教会の自律性」という三原則を掲げて反対し、また国家神道体制下における神社参拝の強要にも屈しなかった信仰の戦いは、日本基督改革派教会の創立およびその後の歩みと深いかかわりをもつものでありました。しかし、私たちは、宗教団体法下の教会合同に連なったものとして、同時代の教会が犯した罪とあやまちについて共同の責任を負うものであることをも告白いたします。戦時下に私たち日本の教会は、天皇を現人神とする国家神道儀礼を拒絶しきれなかった偶像崇拝、国家権力の干渉のもとに行なわれた教会合同、聖戦の名のもとに遂行された戦争の不当性とりわけ隣人諸国とその兄弟教会への不当な侵害に警告する見張りの務めを果たし得ず、かえって戦争に協力する罪を犯しました。

こうした私たちの罪にもかかわらず、歴史を支配される神の摂理により、敗戦とともに宗教の自由が与えられ、日本基督改革派教会が創立されました。私たちの教会は、この神の恵みに感謝し、「キリスト教有神的人生観ないし世界観こそ新日本建設の唯一の確かなる基礎なり」との創立宣言の主張に立って、教会と国家の関係を明確にし信教の自由と教会の自律性を確立することに努めてきました。しかし今、過去三十年の歩みを謙虚にかえりみるとき、私たちの教会はなお、与えられた神の恵みにこたえるには、国家にたいする使命と責任を果たす祈りと努力において足りなかったことを、率直に告白せざるを得ません。

七〇年代の祖国は、靖国神社国家護持法案の強力な推進に一例を見るように、いちじるしく旧日本への回帰の傾向を示しております。この時にあたり、私たちは、かつてあの暗い日々に私たちが陥った罪と誤りを主のみ前に深く恥じ、再びくり返すことのないように主の恵みを求めるとともに、広く日本の諸教会にも、同じ罪に陥ることのないよう呼びかけるものであります。

日本基督改革派教会は、聖書にもとづいて、ここに「教会と国家にかんする宣言」を言い表わし、私たちが主キリストの教会として固く立つ原理を確認し、これに従って新しく戦うことを決意いたします。

私たちは、今なお小さい群れであります。しかし、「恐れるな、小さい群よ」と呼びかけてくださる主は、歴史においていつも、小さい群れを用いて大きなわざを行なわれました。私たちも、教会と国家の主であるイエス・キリストの教会にふさわしく国家にたいして責任を果たすことができ、それによって主の栄光が教会を通しても国家を通しても表わされるように、と祈ります。

願わくは、すべてのものを生かしてくださる神のみまえと、またポンテオ・ピラトの面前でりっぱなあかしをされたキリスト・イエスのみまえで、私たちが大胆に、この信仰を国家にたいして言い表わすことができますように。アーメン。

教会と国家にかんする信仰の宣言

一、教会と国家の主キリスト

（一）（主キリストの主権）

主権的な創造者である聖なる三位一体の神は、あがない主イエス・キリストに、天においても地においてもいっさいの権威を授けて、御自身の支配を宣言し、神の国を樹立された。神は、イエス・キリストの死と復活と高挙とにより、万物をキリストの足の下に従わせ、彼を万物の上にかしらとして教会に与えられた。このかしらによって、神は万物を支配しておられる（1）。

われわれはイエス・キリストを、もろもろの王の王・主の主・国々の統治者また審判者として礼拝し、彼に服従する(2)。

(1) マタ28・18、エペ1・20―23、ヘブル1・1―2・10、使4・24―28、ピリ2・5―11、Iコリ15・20―26。
(2) 黙1・5、11・17、18、17・12―14、19・11―16、詩22・28、イザ2・4。

(二) (教会と国家の関係)

主イエス・キリストは、父なる神のみこころを行なうにあたって、御自身のよしとする天地のあらゆる権能を用いられる(3)。彼は教会と国家を、それぞれに固有の働きを委託して、御自身に仕えさせられる。彼は教会のかしらであると同時に、国家のかしらでもあられる(4)。

したがって、教会と国家は、ともにかしらなるキリストに従属し共同の責任を負うので、相互に密接な関係がある(5)。

教会と国家は、自己に託された権能と働きにしたがって相互に助け合う義務があるが、それぞれの権限は別個のものであり、キリストにたいする関係も異っているので、いずれも他方の領域を侵害することは許されない(6)。
また、教会と国家の関係は、一国内に留まるものではなく、国際的な広がりをもつ(7)。

(3) エペ1・10、11、コロ1・15–17。
(4) エペ1・20–23、黙1・5、6、エレ27・4–7。
(5) マタ28・18–20、詩2篇。
(6) マタ16・19とロマ13・4を比較、Iコリ6・1–6、Iテモ2・1–7、歴下26・18。
(7) 列上19・15–18、イザ44・24–28、ヨハネ11・47–52、黙10・11、11・15–18。

二、国家の権能とその限界

(一)(国家の権能)

主キリストがその一般恩恵のうちに国家を立てておられるのは、国民の福祉を増進し不正を抑制するような立法・行政・司法において御自身に仕えさせるためであり、この目的のために彼は国家為政者を任命された。

このように、国家為政者は、悪を行なう者を罰し善を行なう者を賞するための神のしもべであって、いたずらに剣をおびているのではない(8)。

（8）ロマ13・1－7、Ⅰテモ2・1－2、Ⅰペテ2・13－15、列上3・5－14、エゼ34章。

（二）（宗教への義務）

国家は、あらゆる国民の諸権利を公平に守り、公共の平和を確立する義務がある(9)。国家は宗教団体に、あらゆる宗派にたいして公平に、宗教儀式・布教・教育などを行なう権利を認める義務がある。

したがって、われわれは、宗教団体を国家の宗教的機関と考えるいかなる思想をも拒否する。

また、われわれは、国家を宗教団体の政治的機関と考えるいかなる思想をも拒否する(10)。

（9）Ⅰテモ2・2、使19・38－39。

（10）出5・1－4、アモ7・10－17、使18・12－17、ヨハ18・28－32と使13・27、28。

（三）（国家権能の限界）

国のあらゆる権能は、キリストの主権によって委託された権能であって、その権能を託された領域内で行使する場合にだけ、正しくキリストに仕えることができる(11)。

したがって、あらゆる権能濫用は、信託違反にほかならず、濫用者に破滅をもたらし被造物のうちにある神の栄光を損なう(12)。

また、キリストに属する権能の全体を、いかなる人・集団・組織にでも帰することは、主イエスにたいする反逆罪であり、教会にとっても国家にとっても致命的である(13)。

(11) ロマ13・1、4、6、ヨハ19・10、11、ダニ4・19―27。
(12) 使12・20―23、ダニ5・17―28。
(13) Ⅱテサ2・3、4、黙13・1―14・12、17章、ダニ6章、イザ47章、エゼ27―28章。

三、国家にたいする教会の関係

(一) (教会の権能)

主キリストがその特別恩恵のうちに教会を立てられたのは、みことばの宣教・礼典の執行・愛によって働く信仰の生活において御自身に仕えさせるためであり、この目的のために国家為政者とは別個の教会役員の手に教会政治を委託された(14)。

したがって、われわれは、教会を国家の宗教的機関と考えるいかなる教えをも拒否する。また、国家を教会の政治的機関と考えるいかなる教えをも拒否する。教会はその福音を政治的・経済的・文化的・または民族主義的ないかなる信条とも混合混同してはならない(15)。

同時に教会は、国家為政者がキリスト教に好為的であっても敵対的であっても、国事に超然としていることは許されない。われわれは、宗教的理由にせよ政治的理由にせよ、教会を国家から完全に分離すべきだとするいかなる教えをも拒否する。なぜなら教会は、人のあがないのために人と一つになられた主から託された務めを、国家にたいして果たさなければならないからである(16)。

(14) マタ16・18、19、28・8−20、エペ4・11、使20・28、Iコリ12・28、Ⅱテモ4・1−5。

(15) マタ22・15−22、ルカ12・13、14、ヨハ18・28−38、マタ6・24、ミカ2・11、3・5、11、ガラ3・28。

(16) マタ5・13−16、25・31−46、Iペテ2・9−25。

(二) (国家への使命)

教会の国家にたいする奉仕と使命は、多様である。

教会の説教・礼典・訓練は、国民をキリストの恵みとさばきとに直面させる(17)。教会は、すべての人のために願いと祈りと感謝をささげ、特に権威の座にある者のためにとりなしをして、聖霊の支配が国民生活と国際関係において、善をみのらせ悪を根絶されるように、神に祈る(18)。

教会は、伝道の使命を果たすことにおいて、人々の間に正義と平和と自由を増進する(19)。

教会は、キリストの律法を果たすことにおいて、キリスト教的愛のわざに従事する(20)。

教会は、国家を見守る者としての預言者的な務めを果たし、主が促される時には、公に主のみこころを宣言する(21)。

(17) 使3・12－21、24・25、Ⅰペテ4・1－7、エレ1・5。
(18) Ⅰテモ2・1、2、サム上12・23、エレ29・1－14。
(19) Ⅱコリ5・14－21、アモ5・14－24。
(20) Ⅱコリ8・1－15、使11・27－30。
(21) エゼ3・16－21、33・1－16、サム上8・4－18、下12・1－15、使4・1－31。

(三) (専制への反対)
神のみが、からだと良心との主であられる。神は、いかなる国家的権威であれ宗教的権威であれ、彼らが絶対的権能とりわけ良心と思想をほしいままに統制する権能を主張する場合はいつでも、われわれがその権威者にさからって御自身に服従することを要求される。

したがって、政治・経済・宗教などのあらゆる形の専制にたいし、とくにそれが全体主義的になる時、それに公に抗議することは、教会の義務である(22)。

しかし、教会の戦いの武具は、究極的にはこの世のものではない。すなわち教会は聖霊に導かれつつ、いかなる状況においても、イエス・キリストこそ主であることと、キリストの義にもとづく自由と、平和の福音とを公に証言する(23)。

(22) Ⅰコリ4・1－5、6・12－20、マタ10・28、使4・18－31、5・27－32、列上21章、22・13、14、エレ2・6、ダニ3章、アモ7・10－17。

(23) マタ10・16－23、26・51－56、Ⅱコリ10・3－5、列下9章とホセ1・4を比較、使2・32－36、5・25－32、7・51、60、26章、エペ6・10－20。

(四)(キリスト者の義務)

あがない主イエス・キリストは、人間生活の全領域にわたってわれわれの主であられる。われわれがこの主のものでないような生活領域は、どこにもあり得ない(24)。したがって、キリスト者は、政治・経済・文化・その他の社会活動や社会奉仕に、キリストのしもべとして参加する(25)。キリスト者は、主のゆえに国の法律を尊び、財的にも、身をもって直接的にも、あらゆる法定義務を果たすため、常に最善をつくす(26)。また、立法・行政・司法における不正、良心の侵害などの弊害を矯正するために常に努力する責任がある(27)。

さらにキリスト者は、国民として、イエス・キリストの主権を奪おうとする政府や権能機関にたいしては、義務を拒否することばかりか抵抗することをも神のみことばによって求められる(28)。

(24) ロマ14・5－9、Iコリ10・31。
(25) ヨハ17・15－18、エペ6・5－9、マタ20・25－28、ルカ10・29－37。
(26) Iペテ2・13－25、テト3・1、2、使24・16。
(27) エペ5・8－16、使25・10、11、コロ4・5、6、ヤコ5・1－6。
(28) 使4・18－31、5・25－42、23・1－3、列上11・28－40と12・23、24、18・4、13、下9

章、ダニ3章、6章。

四、教会と国家の改革と希望

（一）（教会と国家の改革）

主キリストの支配がいまだ公には現わされず、完全には認められないこの世の続く限り、われわれは公私のあらゆる関係にわたって罪にとり固まれ、われわれの存在は、不安とどん欲と不正と腐敗の傾向に絶えずおびやかされている。そのために、教会と国家はいつも神のみことばによって改革される必要がある(29)。

それゆえ、教会と国家の改革のために、絶えず目をさましてキリストの恵みを祈り求め、またそのために努力することは、すべてのキリスト者に課せられた義務である(30)。

(29) マル13・5－23、Ⅱコリ4・3－18、ロマ1・18－22、ヤコ4・1－3、ヘブ4・12、13。

(30) ヨハ12・35－50、使26・29。

（二）（終末の希望）

主キリストの支配は、現世の悪と悲惨のただ中では、キリストにあるわれわれの望みのまったき確信をもって、信仰により見抜かれなければならない(31)。

キリストは、諸国民のいやしと教会の完成のために再び来られる(32)。キリストが新しいエルサレムを啓示されるその日、彼は、すべての君たち、すべての権威と権力とを打ち滅ぼして、国を父なる神に渡される。

こうして、宇宙にたいするその主権と支配は、万人の目にはっきりと見えるようになり、あらゆるものがひざをかがめ、あらゆる舌が「イエス・キリストは主である」と告白して、栄光を父なる神に帰するであろう。

それは、神がすべてのものにあって、すべてとなられるためである。

アーメン。主イエスよ、来たりませ(33)。

(31)ヨハ5・17－29、ロマ8・18－25、コロ3・3、4。
(32)エペ5・25－27、黙7章、22・1、2。
(33)Ⅰコリ15・20－28、詩2、ダニ7章、ピリ2・10、11、黙1・7、8、13章、19・11－21、20・7－10、21章、22章。

一九七六年四月二十八日
日本基督改革派教会創立三十周年記念臨時大会

《執筆者紹介》

・宣教と社会問題に関する委員会

長谷部弘（仙台教会長老、宮城学院女子大学学長）… 序　文

弓矢健児（西神教会牧師、同委員会委員長）………… 第 2 項

・憲法委員会第一分科会

豊川　慎（湘南恩寵教会長老、関東学院大学理工学部准教授）
………… 第 3 項、第 4 項

吉田　隆（甲子園伝道所宣教教師、神戸改革派神学校校長、
同委員会委員長）
………… はじめに、第 1 項、第 5 項、おわりに

平和の福音に生きる教会の宣言

日本キリスト改革派教会「平和宣言」と解説

2025 年 2 月 21 日　第 1 版第 1 刷発行

著　者……吉田 隆、長谷部弘、弓矢健児、豊川 慎

発行者……小林　望

発行所……株式会社新教出版社

〒 112-0014　東京都文京区関口 1-44-4

電話（代表）03 (3260) 6148

振替 00180-1-9991

印刷・製本……モリモト印刷株式会社

ISBN 978-4-400-40761-4　C1016